부모와 십 대 사이

BETWEEN PARENT AND TEENAGER
Copyright ⓒ 1969 by Haim G. Ginott
Korean translation copyright ⓒ 2003 by Tindrum Publishing Ltd.
All rights reserved.

Korean translation rights arranged with Dr. Alice Ginott through
Eric Yang Agency, Seoul, korea.

이 책의 한국어 출판권은 에릭양 에이전시를 통해
저작권자와 독점 계약한 (주)양철북출판사에 있습니다.
저작권법에 따라 한국 내에서 보호를 받는 저작물이므로
무단 전재와 복제를 금합니다.

부모와 십 대 사이

하임 G. 기너트 ○ 신홍민 옮김

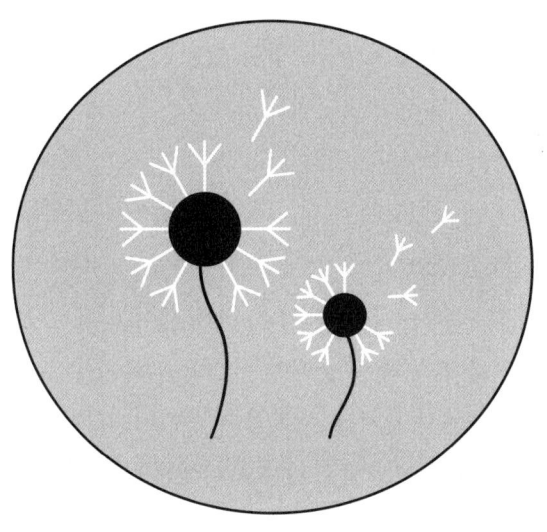

프롤로그

 살다 보면 부모들에게 문득 "우리 아이가 이젠 애가 아니구나" 하는 생각이 드는 날이 온다. 이런 때는 묘하게도 기분이 우쭐해지기도 하다가 두렵기도 하다. 거기에는 우리가 뿌린 씨앗, 그러니까 묘목을 바라보는 즐거움이 있다. 또 걱정, 이를테면 사방에서 몰아치는 풍파로부터 더 이상 우리 아이를 보호할 수 없을 것이라는 걱정도 있다.

 이제부터 우리는 우리 아이와 세계 사이를 가로막고 서 있을 수 없을 것이다. 다시 말하면 인생의 위험에서 우리 아이를 보호해 줄 수 없을 것이다. 이제부터 우리 아이는 부모라는 동반자 없이, 아무리 피하려고 해도 자신에게 다가오는 도전을 혼자 상대해야 할 것이다.

 갈등도 있다. 우리는 부모로서 아이에게 필요한 존재가 되고 싶어 한다. 하지만 십 대 아이들은 우리의 도움을 받으려고 하지 않는다. 이런 갈등은 실제로 존재한다. 사랑하는 우리 아이가 자립할 수 있도록 도와주는 동안에도, 우리는 날마다 이런 갈등을 겪는다.

  이는 우리에게 아주 멋진 시간이 될 수도 있다. 붙잡고 싶은 순간에 아이들을 놓아주려면 아주 넓은 관용과 사랑이 있어야 한다. 오로지 부모만이 그와 같은 고통스러운 관용을 발휘할 수 있다.

하임 G. 기너트

차례

프롤로그 4

1 십 대와 부모
부모의 걱정과 십 대의 욕구 13
부모의 걱정과 십 대의 감정 14
공존은 가능한가 15

2 십 대의 반항과 부모의 대응
혼란기 20
실존적 질문 21
정체성 추구 22
도와줄 때 지켜야 할 기준 24

3 마음에 상처를 주지 말자
경험을 인정한다 47
평화 정책: 말과 감정 51
인격과 방법 59

4 마음을 치유하는 대화
부모는 아이의 변호인 63
먼저 아이의 마음을 헤아린다 64
갈등으로 이끄는 일곱 가지 길 66
중립적인 응답 68
공감과 진심 73

5 비판: 새로운 접근

생활 속 교훈 77

유익한 비판 78

유익하지 못한 비판 79

비판과 자기 이미지 81

일은 언제 잘못되는가 85

어떻게 일을 그르치는가 87

균형 감각 89

핵심적인 교훈 90

6 모욕을 주지 않고 화내기

분노의 소리 95

분노에 대한 태도 96

분노는 자연스러운 현상이다 98

화를 내는 방법 99

갑작스러운 분노 102

모욕을 주지 않고 화내기 106

변화 과정 110

7 칭찬: 새로운 접근

칭찬에 대한 반응 115

칭찬과 죄책감 117

칭찬과 동기 118

생산적인 칭찬과 파괴적인 칭찬 120

모욕적인 칭찬 122

평가가 아닌 설명 123
칭찬과 자기 이미지 124

8 십 대의 시선

논리의 한계 131
십 대들의 이야기 132

9 사교 생활: 자유와 한계

인기를 싫어하는 아이들 143
때 이른 데이트를 원하지 않는 아이들 145
중학생: 사려 깊은 프로그램과 시간표 147
고등학생: 자율과 지도 149
부모의 책임: 기준과 한계 154

10 십 대의 성과 인간의 가치

성에 대한 토론: 여섯 어머니의 여섯 가지 의견 159
가치의 충돌 165
공공연한 역설 166
흔들리는 금기 167
왜 성교육이 필요한가 169
정보와 가치 172
자위행위 175
부모와 피임약 177
성숙한 사랑 178

11 운전, 음주, 마약

십 대의 운전과 부모의 걱정 181
음주 185
마약의 악몽 193

12 학습, 성장, 변화

사랑으로 이루어지는 무언의 교육 219
미움을 부르는 요란한 교육 220
결실 있는 대화 221
부자 자퇴생 225
내 아들은 경제학자 226
내 아들은 혁명가 228
내 딸은 인간 229
배역 바꾸기 231
숙제에 관한 이야기 236
자동차와 대출 239
일자리 제안, 누가 결정을 내릴 것인가 240
운동과 부모의 걱정 241
망칠 뻔한 주말 242
미니스커트 사건 243
설교의 유혹 243
아이들은 경험한 만큼 배운다 244

에필로그 246

1

십 대와 부모

부모의 걱정과 십 대의 욕구

앤디의 어머니는 다음과 같이 말한다.

"우리 아들이 행복하고 안전하게 사는 것이 내가 바라는 전부예요."

그런데 열네 살 앤디는 이런 말을 한다.

"제발 엄마가 내 행복에 대해 이야기하지 않았으면 좋겠어요. 내 생활을 비참하게 만드는 사람이 바로 엄마거든요. 엄마가 넋두리를 늘어놓으며 걱정하는 소리를 들으면 미칠 것만 같아요."

조이 어머니는 이렇게 말한다.

"조이는 다른 주에 있는 대학에 다니고 있어요. 그걸 생각하면 정말 견딜 수가 없어요. 조이는 아직 어려요. 너무나 보고 싶어요. 내게는 그 아이가 전부거든요."

그런데 열여덟 살 조이는 이런 말을 한다.

"우리 엄마는 나를 대신해서 내 인생을 살아 주고 싶어 해요. 할 수만 있다면 나 대신 숨까지 쉬려고 할 거예요. 엄마는 내가 너무 어려서, 옆에 서서 우산을 씌워 주지 않으면, 빗물에 녹아 버릴 거라고 생각하는 사람이에요. 내 인생은 내가 알아서 살도록 내버려두면 좋겠어요."

아놀드 아버지는 이렇게 말한다.

"아놀드가 인생에서 성공하는 것을 볼 수만 있다면 무슨 일이든 하겠습니다."

그런데 열여섯 살 아놀드는 이런 말을 한다.

"아빠의 충고를 들으면 화가 나요. 이젠 질렸어요. 아빠는 늘 내 미래에 대해서 이야기한다고 하면서, 내 현재를 엉망으로 만

들어 버려요. 난 나 자신을 믿을 수가 없어요. 꼭 내가 실패한 사람 같아요."

부모의 걱정과 십 대의 감정

레너드의 어머니는 이렇게 말한다.

"우리 아들이 걱정이에요. 도무지 조심성이 없어요. 몸이 허약한데도 그래요."

그런데 열여섯 살 레너드는 이런 말을 한다.

"우리 엄마는 자기가 의사라도 되는 듯이 행동해요. 그러면서 날 병든 아이 취급해요. 내 기침 소리나 코 푸는 소리가 들리면, 아무리 피곤해도 장거리 육상 선수처럼 뛰어와요. 내가 지하실에서 재채기라도 하면, 엄마는 다락방에서 달려 내려와서, 이렇게 말해요.

'얘, 큰일이구나.'

'무슨 일이니, 감기 걸렸니?'

'어디 좀 보자.'

'조심하지 않아서 이러는 거야.'

'그렇게 늦게까지 밖에 있으면 안 돼.'

엄마는 마치 헬리콥터처럼 내 위를 맴돌고 있어요. 난 엄마의 고함 소리와 잔소리를 먹으며 자랐어요. 엄마에게 설명하지 않고 재채기할 수 있을 정도의 권리는 내게도 있다고 생각해요."

앤터니의 어머니는 마음에 입은 상처 때문에 화가 나 있다.

"우리 아들이 파티에 간다고 하기에 그랬어요.

'앤터니, 즐겁게 지내렴. 하지만 예의 바르게 행동해야 돼.'

아들은 마치 꾸중을 듣기라도 한 듯이 날 쳐다보더니 싸늘한 목소리로 대꾸하더군요.

'이래라저래라 하지 마.'

그 애한테 인사하는 것조차 조심스러워요. 그 애가 날 어떻게 생각하는지 궁금해요. 혹시 원수로 여기는 것은 아닐까요?"

그런데 열다섯 살 난 앤터니는 이런 말을 한다.

"엄마 때문에 화가 나요. 날 어린아이로 취급하니까요. 엄마는 이렇게 말해요.

'예의 바르게 행동해야 돼.'

'허리를 펴.'

'발을 질질 끌며 걷는 거 아니야.'

'냅킨을 사용해.'

'음식 먹으면서 소리 내면 안 돼.'

엄마가 바른 생활 어머니처럼 간섭하지 않았으면 좋겠어요."

공존은 가능한가

부모의 진정한 의도를 의심하는 사람은 아무도 없다. 부모는 아이가 행복하고 건강하며 안전하게 지내는 모습을 보고 싶어 한다. 그런데 번번이 부모의 노력은 보상받지 못하고, 사랑으로 보답받지도 못한다. 원치 않는 배려와 충고를 받으면 십 대 아이들은 짜증을 낸다. 아이들은 자기들이 다 자랐으며, 스스로의 힘으로 자기 일을 알아서 할 수 있을 만큼 성숙했다는 듯이 행동하려고 한다. 십 대에게는 부모의 지도를 받지 않고도 스스로 자기 길을 찾아갈 수 있는 능력이 있다는 확신이 필요하다. 이 아이들을, 대출을 받아야 하는 형편이면서도 재정적으로 자립하고 싶어 하는 사람에 비유할 수 있다. 부모라는 은행이 아무리 친절하게 대해 주어도, 대출을 받은 십 대들은 이자에 대해 화를 내는 경향이 있다. 십 대들은 도움을 주면 간섭한다고, 관심을 보이면 어린애 취급한다고, 조언을 하면 지시한다고 생각한다. 아이들은 자율을 두려워하면서도 최고의 가치로 평가한다. 자율을 방해하는 사람은 누가 되었든 그들에게 원수가 된다.

십 대의 부모는 오도 가도 못 하는 진퇴양난에 빠져 있다. 도와주면 원성을 듣는 상황에서 도와주는 방법을, 안내를 거절하는 상황에서 안내하는 방법을, 배려가 공격으로 오해받는 상황에서 아이들과 소통하는 방법을 찾아내야 하기 때문이다.

열다섯 살 난 앨빈의 아버지는 이렇게 말한다.

"아들과 내 관계는 뒤틀렸습니다. 비극이에요. 난 아들을 친구로 생각하는데, 그 녀석은 날 원수로 여깁니다. 존경을 받고 싶은데, 그 녀석은 날 경멸해요."

과연 십 대 아이와 부모가 서로 평화롭게 품위를 지키며 살 수 있을까? 특정한 조건에서만 그렇게 살 수 있다. 그 조건이란 무엇인가? 이 책은 평화에 이르는 길을 제시한다. 이 책은 부모와 십 대가 공존할 수 있는 조건에 대해 토론하며, 십 대와 함께 서로 존중하고 품위를 유지하며 살아가는 방법에 대해서 말하고 있다.

2

십 대의 반항과 부모의 대응

십 대 가운데 많은 아이는 어떻게 하면 부모의 화를 돋울 수 있는지를 탐지해 내는 은밀한 레이더를 갖고 있다. 부모가 깔끔한 것을 좋아하면 아이는 너저분하게 굴고, 방을 어질러 놓고, 눈살을 찌푸리게 하는 옷차림을 하고, 머리를 제멋대로 늘어뜨린 채 다닐 것이다. 부모가 예의 바르게 행동하라고 하면 대화에 끼어들어 방해를 놓고, 버르장머리 없이 말하고, 여러 사람 앞에서 욕설을 내뱉을 것이다. 부모가 우아하고 품격 있는 언어를 즐겨 쓰면, 아이는 속된 표현을 쓰려고 할 것이다. 부모가 평화를 소중하게 여기면 이웃과 싸우고, 이웃집 강아지를 괴롭히고, 이웃집 아이를 못살게 굴 것이다. 부모가 훌륭한 문학작품을 좋아하면, 아이는 집을 만화책으로 가득 채우려 들 것이다. 부모가 육체적인 건강을 강조하면, 운동을 안 하려고 할 것이다. 부모가 건강에 관심을 보이면, 꽁꽁 얼어붙은 겨울에도 여름옷을 입으려고 할 것이다. 부모가 공기 오염과 폐암을 걱정하면, 굴뚝처럼 담배를 피워 댈 것이다. 부모가 좋은 점수와 좋은 성적을 중요하게 여기면, 성적을 엉망으로 받으려고 할 것이다.

 아이가 이렇게 나오면, 부모는 당황한 나머지 온갖 수단을 동원하여 필사적으로 이에 대응한다. 그것이 부모의 속성이다. 우선 부모들은 완강하게 나온다. 이것이 실패하면 작전을 바꿔 친절하게 대한다. 그래도 아무런 소득이 없으면, 조목조목 이치를 따지려고 한다. 부드럽게 설득하는데도 쇠귀에 경 읽기가 되면, 부모는 비웃으며 꾸중하는 방법에 호소한다. 그래도 안 되면, 부모는 아이를 협박하고 처벌하는 쪽으로 방향을 바꾼다. 이것이 서로 욕구불만을 가진 한 사회가 작동하는 방식이다.

혼란기

사춘기는 혼란과 격동, 동요의 시기라 작은 일에도 압박을 많이 느끼는 때이다. 부모는 아이가 십 대가 되면 권위와 전통에 반항하리라 예상한다. 그래서 아이의 배움과 성장을 위해 이를 너그러이 보아 넘기려고 한다.

아이의 사춘기는 부모에게 힘든 시기이다. 부모에게 기쁨을 주던 아이가 제멋대로 행동하는 사춘기 아이로 변해 가는 모습을 지켜본다는 게 쉬운 일은 아니다. 연신 밉살스러운 행동을 해 대는 걸 보며 그냥 참아 넘긴다는 것은 보통 힘든 일이 아니다. 손톱을 물어뜯고, 코를 후비고, 살갗을 깨물고, 손가락으로 톡톡 두드리며 소리를 내고, 발을 달달 흔들고, 헛기침을 하고, 사팔뜨기 눈을 하고, 코를 킁킁거리고, 몸을 움찔거리고, 얼굴을 찡그리는 버릇들 말이다.

아이가 몇 시간 동안 침대에 누워 멍하니 허공을 바라보며 실오라기 하나만 달랑 손에 들고 꼬고 있을 때, 이를 바라보고 있노라면 걱정스럽기 짝이 없다. 아이의 기분이 오락가락하는 것을 지켜보거나 끝없는 불평에 귀를 기울이다 보면 황당한 기분이 들기도 한다. 난데없이 자기 취향에 맞는 것이 하나도 없다고 투덜대며, 집은 싸구려고, 자동차는 볼품없고, 부모는 구식이라고 나올 때 특히 그렇다. 하루하루가 짜증의 연속이다. 흔해 빠진 싸움이 되풀이된다. 아이를 아침에 깨우는 것도 싸움이고, 저녁에 일찍 자게 하는 일도 싸움이다. 아이는 공부와 목욕이라면 뒷전이다. 또 모순투성이다. 말투는 거친데, 어찌나 수줍음을 타는지 탈의실에서 옷도 갈아입지 못한다. 사랑을 이야기하면서도, 어머니가 껴안으려고 하면 걸음아 날 살려라 줄달음을 놓는다. 아이는 대들고, 핑계를 대고, 부모가 무슨 말을 하면 무시하려고 든다. 그러다가도 부모가 자기 행동 때문에 마음에 상처를 느끼면 정말 화들짝 놀란다.

우리에게 위안거리가 있다면(어쩌면 절반의 위안에 지나지 않을지도 모르지만) 아이의 얼토당토않은 행동에 대응하는 방법이 있다는 사실이다. 그런 행동은 발달 단계에 따라 으레 나타나는 것들이다. 사춘기의 목적은 개성을 자유롭게 하는 데 있다. 아이들은 사춘기 때 개성에 변화를 겪어야 한다. 다시 말하면 개성은 '아동기에' 형성되어 '사춘기에' 해체를 겪고, '성인이 되어' 재구성되어야 한다. 사춘기는 치유할 수 있는 광기의 시기이다. 사춘기 때 모든 아이는 자기 개성을 재구성한다. 아동기 때 부모와 맺었던 유대에서 벗어나, 자기 또래 아이들과 관계를 맺으며 자신을 새롭게 확인하고, 자기 자신의 정체성을 발견한다.

실존적 질문

어떤 십 대 아이들은 대답할 수 없는 질문에 사로잡혀 있다. 그들은 삶의 덧없음과 죽음의 필연성에 매달린다. 다음은 열여섯 살 난 어떤 여자아이의 편지에서 발췌한 내용이다.

삶의 경이로움에 대한 글을 읽으면 읽을수록, 내게는 삶의 비극이 자꾸만 더 많이 보인다. 쏜살같은 시간 하며, 나이 든 삶의 누추한 모습, 누구든 죽음을 모면할 수 없다는 사실 같은 것이 말이다. 그 필연성이 늘 내 마음을 짓누른다. 시간은 여유 만만한 사형 집행인이다. 해변이나 운동 경기장에 몰려 있는 어마어마한 관중을 보면서 나는 생각한다. 저들 가운데 누가 가장 먼저 죽고, 또 누가 가장 늦게 죽을까? 저들 가운데 몇 사람이 내년이면 생을 마감할까? 지금부터 5년 뒤에는 몇 사람이? 10년 뒤에는 몇 사람이? 소리 내어 울고 싶은 기분이다. "죽음이 저 모퉁이 주위를 서성거리고 있는데, 어떻게 당신들은 인생을 즐길 수가 있는가?" 하고 말이다.

많은 십 대 아이가 개인적이고 사사로운 것이라고 여기는 두려움 때문에 고통을 받고 있다. 그들은 자기들이 품고 있는 불안과 의혹이 누구에게나 있는 불안과 의혹이라는 사실을 모른다. 아이들에게 이와 같은 삶의 진실을 깨닫게 하는 것은 쉽지 않다. 그렇기 때문에 십 대는 스스로의 힘으로 그런 통찰력을 터득해야 한다. 사사로운 고민이 누구에게나 있는 고민이고, 한 사람의 마음을 아프게 하는 일은 인류 전체의 마음도 아프게 한다는 사실을 깨닫기까지는 시간이 걸리고 지혜가 필요하다.

정체성 추구

개인의 정체성을 추구하는 일이 십 대 아이들에게는 절대적인 과제이다. 그들은 거울을 들여다보면서 가끔 "난 누굴까?" 하고 중얼거린다. 아이들은 자기가 어떤 사람이 되고 싶은지 확신이 없다. 그렇지만 어떤 사람이 되고 싶지 않은지는 알고 있다. 그들은 쓸모없는 존재, 허상의 모조품, 다시 말하면 아버지를 꼭 닮을까 봐 두려워한다. 그들은 부모의 말에 거역하며 반항한다.

부모에게 도전하기 위해서라기보다는 자신의 정체성과 자율을 경험하기 위해서이다. 극단적으로 심술을 부릴 수도 있다. 예를 들면, 옷을 사기 전에 십 대들은 판매원에게 말한다. "우리 엄마 아빠가 이 옷을 좋아할 경우엔 다른 옷으로 바꾸고 싶은데 그래도 될까요?" 하고 말이다.

아이들에게는 해야 할 일이 엄청나게 많은데 주어진 시간은 짧다. 너무나 많은 일이 한꺼번에 일어난다. 몸은 급격하게 커지고, 정신적인 충동은 강하며, 사회적으로는 서툴고, 자의식은 고통스럽다. 아무리 커다란 방도 사춘기 아이에게는 넉넉하지 않다. 집의 안주인과 부딪히고, 재떨이를 떨어뜨리고, 음료수를 엎지르려는 의도는 없다. 하지만 꼭 그런 일을 저지른다. 두 발은 미끄러지고, 아이의 손에 닿으면 모든 것이 난장판이 된다.

눈치 없이 매스미디어는 사춘기 아이에게 그가 처한 어려움을 극적으로 강조한다. 텔레비전은 아이의 여드름을 확대해서 비춰 주며, 라디오는 그에게 입냄새에 대해 주의를 환기시킨다. 사춘기 아이에게 입냄새를 어설프게 제거하면 안 된다고 경고한다. 가장 친한 친구라면 말하지 않았을 이야기를 온갖 매체가 그에게 말해 준다. 부드럽게 숨을 쉬고, 이빨을 가지런하게 하고, 비듬을 씻어 없애고, 코를 높이고, 키를 키우고, 몸무게를 늘리거나 군살을 빼고, 근육을 키우고, 자세를 고치라고 말한다. 이런 친절한 충고를 받고도 자기에게 결점이 있다는 생각에서 벗어날 수 있다면, 그는 행운아라고 할 수 있다. 그런 것을 인정하지 않는다고 해도 아이는 부모의 도움이 필요하다. 그리고 도움은 있는 듯 없는 듯하면서 섬세해야 한다.

도와줄 때 지켜야 할 기준

들뜬 기분과 불만을 받아들이자

사춘기란 내내 행복할 수 있는 시기가 아니다. 사춘기는 불확실성과 자기 의혹 그리고 고난의 시기이다. 이 시기는 우주 차원의 동경과 사적인 열정, 사회적 관심과 개인적인 고뇌가 공존하는 시기이다. 사춘기는 모순의 시기이며, 상반되는 감정이 함께 하는 시기이다.

안나 프로이트는 그것을 다음과 같이 이야기한다.

사춘기 아이가 모순되고 예측하기 힘든 행동을 하는 것은 당연한 일이다. 그는 충동을 억제하면서도 받아들이며, 부모를 사랑하면서도 미워하고, 다른 사람 앞에서 자기 어머니를 아는 척하는 것을 심히 부끄러워하면서도, 느닷없이 어머니와 가슴에서 우러나는 대화를 나누고 싶어 하고, 부단히 자신의 정체성을 추구하는 동안에도 다른 사람을 모방하고 그들과 동일시하는 것을 즐거워하고, 더할 나위 없이 이상적이고, 예술적이고 관대하고 헌신적이면서도, 그와 반대로 자기 중심적이고 이기적이고 타산적이다. 사춘기가 아닌 다른 시기에 상반된 양극단을 그렇게 왔다 갔다 했다면 매우 비정상으로 보였을 것이다. 사춘기에 나타나는 감정의 동요는 다음 사실을 말해 주는 데 지나지 않는다. 즉, 성인의 인격 구조가 그 모습을 갖추기까지는 오랜 시간이 걸리고, 문제가 되는 개인의 자아는 쉬지 않고 실험을 계속하고 있으며, 서

두르지 않고 여러 가지 가능성을 시도한다는 것이다.

아이에게 "무슨 일이야? 도대체 왜 가만히 앉아 있지 못하는 거야? 네 몸 안으로 뭐가 갑자기 들어오기라도 했어?" 묻는 것은 전혀 도움이 되지 않는다. 십 대 아이는 이런 질문에 대답할 수 없다. 설령 대답을 알고 있다고 해도, "엄마, 좀 보라구. 정반대 되는 감정 때문에 마음이 만신창이가 되었어. 상상할 수도 없는 충동이 날 집어삼켰어. 낯선 욕망 때문에 몸이 달아오르고 있어." 이렇게 말할 수는 없기 때문이다.

열여섯 살 브라이언은 말한다.

"난 항상 욕구불만을 느껴요. 사랑에 사로잡혀 있는데, 여자친구가 없어요. 내 몸은 넘쳐흐를 정도로 충전되어 있는데, 배출할 곳이 없어요. 나는 몸을 움직이고, 근육을 수축하고, 내 힘을 느낄 기회를 찾고 있어요. 엄마 아빠하고는 이런 이야기를 할 수 없어요. 말이 아니라 직접 맛을 보고 쓴맛과 단맛을 구별하는 법을 배우고 싶어요. 난 경험에 굶주려 있는데, 부모님은 내게 설명을 먹이려고 해요."

열일곱 살 난 바버라는 자기 나이에 겪는 고뇌를 극적으로 털어놓는다.

"난 날마다 나 자신에게 물어요. 왜 내가 원하는 모습으로 살지 않느냐고. 난 나 자신과 무척 불행한 관계에 있어요. 난 변덕스러워요. 복잡한 기분을 지닌 사람이라는 뜻이에요. 하지만 안 그런 척 행동해요. 그래서 사람들은 내가 그런 사람이라는 것을 알지 못해요. 내 삶에서 가장 싫어하는 게 바로 그 점이에요. 난 항상 진짜 내가 아닌 것처럼 행동하고 있어요.

 난 원래 친절한 사람이에요. 하지만 선생님들은 내가 차갑다고 생각해요. 모두 다 정말 미운 사람들이에요. 그래서 '잘나 빠진 이기적인 당신들은 꺼져. 나도 당신들만큼 좋은 인간이야.'라고 말해 주고 싶어요. 내게 신뢰를 보내는 사람들과 함께 있으면 난 공부도 잘해요. 날 마치 기계 부품처럼 대하는 사람들과 함께 있으면 바보가 돼요. 인생에서 내가 가장 원하는 것은 날 있는 그대로 받아 줄 수 있는 누군가가 있었으면 하는 거예요."

 십 대 아이들의 욕구는 시급하고 또 절박하다. 하지만 배고픔과 고통처럼 십 대의 욕구는 말로 표현하기보다는 경험하는 편이 더 쉽다. 들뜬 기분을 너그럽게 보아주고, 고독을 존중하며, 불만을 받아들여 주는 것이 부모로서 아이를 도와주는 것이다. 꼬치꼬치 따지지 않는 것이 가장 크게 도와주는 길이다. 시인 칼릴 지브란이 말했듯이. "참된 선인은 벌거벗은 사람에게 옷이 어디 있느냐고 묻지 않으며, 집 없는 사람에게 집에 무슨 일이 있었느냐고 묻지 않는다."

지나치게 이해심을 보이려고 애쓸 필요는 없다

십 대 아이들은 즉석에서 이해해 주기를 바라지 않는다. 갈등 때문에 고통을 겪을 때, 십 대는 특이한 기분을 느낀다. 그들은 자기들이 느끼는 감정이 새롭고 지극히 개인적인 것이라고 여긴다. 누구도 자기와 똑같은 감정을 느끼지 못했을 것이라고 생각한다. 그래서 "네 기분이 어떤지 정확하게 알아. 네 나이 때 나도 똑같은 기분이었으니까." 하는 말을 들으면 십 대는 모욕을 느낀다. 자기들은 복잡하고 신비하고 불가사의하다고 느꼈는데, 그것이 그토록 빤히 들여다보이고 순진하고 단순한 것이었다는 사실이 아이를 비참하게 만든다. 아이가 언제 자기를 이해해 주기 바라고, 언제 자기에게 무관심하기 바라는지 알아채기란 어렵고도 미묘한 문제이다. 슬픈 사실은 부모가 아무리 현명하게 행동한다고 해도, 어느 일정 기간은 십 대 아이가 보기에 우리가 옳지 않을 수도 있다는 사실이다.

받아들임과 찬성의 차이

어떤 아버지는 말한다.

"열여섯 살 난 제 아들은 잘생겼어요. 그런데 꼭 미운 계집아이처럼 굴어요. 머리카락을 길게 늘어뜨린 모습을 보면 미칠 것만 같아요. 어리석은 일인지 알면서도, 우린 그것 때문에 매일 싸워요."

어떤 어머니는 말한다.

"제 딸은 왕비에게도 뒤지지 않을 만큼 옷이 많아요. 그런데 골라도 하필이면 분홍색 구슬이 달리고 몸에 딱 달라붙는 보기 흉한 터틀넥 스웨터를 골라 입어요. 눈꼴사나워 딸아이를 보고 있을 수가 없어요."

십 대 아이들은 갖가지 방법으로 저항한다. 열다섯 살 여자아이가 부모가 골라 주는 옷을 외면한다면, 아마 저항하려고 그럴 것이다. 열여섯 살 남자아이가 새로 산 구두를 내버려두고 낡은 샌들을 신고 있다면, 아마 반항심 때문에 그럴 것이다. 밥 딜런이 다음과 같이 말한 것을, 그들은 행동으로 선언하고 있다.

이 세상 모든 어머니와 아버지들은 오세요. 이해가 되지 않거든 비판도 하지 마시고요. 당신들의 아들과 딸은 당신들의 통제 저 너머에 있어요.

부모들은 관용과 허락, 받아들임과 찬성을 분명하게 구별해서 대응해야 한다. 부모는 관용은 많이 베풀지만, 허락은 별로 하지 않는다. 환자가 겉으로 피를 흘린다고 해서 치료를 거절하는 의사는 없다. 유쾌하지는 않겠지만, 그것쯤은 당연하게 받아들인다. 그런 일을 장려하지도 않지만, 환영하지도 않는다. 단지 받아들일 따름이다. 그와 비슷하게 부모는 바람직하지 못한 행동을 허락하지는 않지만 너그럽게 받아들일 수는 있다.

아들의 긴 머리카락을 보고 비위가 상한 아버지는 말한다.

"얘, 안된 말이지만 그건 네 머리카락이지, 내 위장은 아니야. 아침을 먹은 뒤라면 몰라도 그 전에 네 머리를 보고 있으려면 견딜 수가 없어. 그러니 제발 아침은 네 방에서 먹도록 해라."

이런 대응은 유익하다. 아버지는 자신의 감정을 존중한다는 사실을 아들에게 보여 주었다. 아들은 혼자 남아 자유롭게, 아버지를 불쾌하게 하긴 하지만 피해를 주지는 않을 반항을 계속할 수 있었다. 아버지가 아들의 머리 모양을 허락했더라면, 그 머리 모양에 담은 자율과 반항의 상징이라는 가치는 파괴되었을지도 모른다. 그렇게 되면 아들의 반항은 아버지를 더 불쾌하게 하는 행동으로 대체되어 계속되었을 것이다.

아무 효과를 거두지 못한 대응의 예가 여기 있다.

"지난주에 남편이 드디어 폭발했어요. 미친 듯이 펄펄 뛰면서 아들의 기타를 박살 내고, 요란한 전단지를 찢고, 목걸이를 내던졌어요. 그러더니 아들을 강제로 목욕탕으로 데려가더군요. 난 소스라치게 놀랐어요. 모든 것이 뒤죽박죽된 것 같았어요. 어떻게 해야 좋을지, 무슨 말을 해야 할지 모르겠더군요. 난 침실로 들어가서 문을 잠갔어요. 다시 침실 밖으로 나와서 보니 아들이 집을 나가고 없었어요. 남편은 노발대발하고 있었고요. 남편에게 '여보, 이제 어떡하지?' 물었더니, 남편은 버럭 소리를 지르더군요. '내가 알아? 난 신경 안 써!' 하지만 남편은 내심으로는 신경이 쓰이는 눈치였어요. 무척 걱정하고 있었어요."

현명한 부모들은 아이와 싸우는 것이, 흐르는 물을 거슬러 올라가는 일처럼 파멸을 부르는 일이라는 점을 인식하고 있다. 역류를 만나면 물길에 익숙한 노련한 사람은 맞서려고 하지 않는다. 역류를 거슬러서는 자기들이 목표하는 해안에 도달할 수 없다는 걸 알고 있다. 안전하게 발을 디딜 수 있는 곳이 나타날 때까지, 그들은 물에 뜬 채 흐름에 몸을 맡긴다. 그와 마찬가지로 십 대의 부모도 인생과 함께 흐르며, 방심하지 말고 그들과 안전하게 접촉할 수 있는 기회를 기다려야 한다.

<u>아이의 언어와 행동을 모방하지 말자</u>

열여섯 살 난 벨린다는 말한다.

"우리 엄마는 십 대가 되려고 몸부림을 쳐요. 미니스커트를 입고, 유리 목걸이를 걸고, 애들이 쓰는 말을 써요. 내 친구들이 찾아오면 '대박' '헐' 이러면서 엄마 딴에는 '끝내준다'는 뉴스 몇 가지를 이야기해요. 그렇게 바보 같은 짓을 하는 걸 보면 속이 메스꺼워요. 친구들은 앞에서는 엄마를 친구로 생각하는 것처럼 행동하지만, 뒤에서는 비웃어요. 날 놀리고요."

어른은 어른답게 굴어야 한다. 십 대 아이들은 심사숙고 끝에 부모와 다른 생활 스타일을 선택한다. 그런데도 부모가 아이의 스타일을 모방한다면, 이는 다시 새로운 스타일을 찾아 반항하라고 등을 떠미는 것이나 다름없다.

어떤 어머니는 말한다.

"내가 지금까지는 잘해 오고 있다는 사실을 이번 주에 알게 됐어요. 내 딸이 엄마와 딸의 관계에 대해서 길게 이야기를 하더군요. 딸이 그러는데, 제일 친한 친구 홀리는 자기 엄마 때문에 무척 기분이 안 좋대요. '외모와 유행'을 놓고 엄마가 딸과 경쟁을 벌인다는 거예요. 홀리 어머니는 아주 매력적이고 옷도 최신 유행으로 입는데, 거기다 홀리보다 더 예쁘고 사이즈도 작은 옷을 입는대요. 엄마와 비교하면 홀리는 그저 그런 평범한 정도래요. 그러면서 딸은 나를 크게 칭찬했어요. '엄마들은 적당하게 유행에 관심이 있어야 해. 예를 들면, 우리 엄마는 옷을 잘 입어. 우리 엄마는 엄마 같고, 엄마처럼 행동하고 또 말도 엄마처럼 해.' 이렇게 말이에요."

단점을 고치려 하지 말자

부모는 종종 자기에게 어떤 결점이 있는 것을 알고 나면, 어떻게 해서라도 아이를 완전하게 만들려고 한다. 어떤 부모는 그 일을 업으로 삼는다. 그들은 아이의 행동에 행여 못마땅한 점이라도 있지 않을까 수색하고, 성격상 사소한 결점까지도 찾아낸다.

부모들은 아이를 위해서 아이가 가진 단점을 일러 줘야 한다고 믿는다. 그런 정직함이 결과적으로는 부모와 아이의 대화를 중단시킨다. 십 대의 얼굴 앞에서 결점을 늘어놓아서 이익을 보는 사람은 아무도 없다. 개인적인 결점이 적나라하게 드러나는 현실을 극복하는 일은 십 대에게는 무척 힘겨운 일이다. 결점에 대해서 주의를 일깨우는 것은 아이에게 강렬한 스포트라이트를 비추는 것이나 마찬가지이다. 우리 눈에는 아이의 결점이 더 분명해지겠지만, 아이에게는 그렇지 않다. 아이는 곧바로 눈을 감을 것이다. 성격상 단점을 강조해 봐야 아무런 도움이 되지 않는다. 그런 결점을 드러내 놓고 인정하라고 강요하면, 아이들은 절대 그것을 고치려고 하지 않을 것이다.

결점이 명백하게 드러난 상황에서, 시급한 과제는 눈앞에 닥친 위기를 아이가 극복할 수 있도록 도와주는 것이다. 장기적인 과제는 아이에게 성격을 수정하고 인격을 형성할 수 있는 관계와 경험을 하게 하는 것이다. 부모는 대부분 아이가 자기가 지닌 인간적인 잠재력을 발견하면서 살아가기를 바란다. 이런 바람은 크게 선언하기보다는 조용하게 실천하는 것이 좋다.

<u>감정을 상하게 하지 말자</u>

십 대 아이들은 누구나 몇 가지 단점을 갖고 있고, 그에 대해 극도로 예민하게 반응한다. 세상은 항상 그 단점을 주목하고, 못살게 굴고, 조롱한다. 키가 작으면, '꼬마, 애송이, 난쟁이, 크다 만 녀석'으로 불릴 것이다. 만일 마르고 키가 크다면, '멀대, 말라깽이, 콩깍지, 키다리'가 된다. 살이 쪘으면, '뚱뚱보, 오동통, 뚱땡

이'라는 별명을 얻을 것이다. 허약한 아이면, '계집애, 마마보이, 병아리'로 불릴지도 모른다. 겉으로는 아무렇지 않은 척하지만, 십 대 초반의 아이들은 그런 별명 때문에 마음의 고통을 크게 겪는다. 부모들은 아이를 괴롭히지 말아야 한다. 그것이 최상의 방법이다. 농담으로라도 그런 말을 하지 말아야 한다. 부모에게 받은 모욕은 더 깊이 사무치고 더 오래가는 법이다. 상처가 영원히 아물지 않을 수도 있다.

부모는 십 대 아이를 어린아이처럼 다루지 않아야 한다. 부모들은 종종 아이가 몇 년 전까지 얼마나 작은 아이였는가를 상기시켜 주고 싶어 한다. 부모들은 과거에 있었던 '깜찍한' 사건들을 이야기한다. 어둠을 무서워했던 일이나, 생일날 속옷에 오줌을 싼 사건을 이야기한다.

갓난아이 시절을 상기시켜 주면 십 대 아이들은 싫어한다. 그들은 지금의 자기와 어린 시절 사이에 거리를 두고 싶어 한다. 그들은 어른 대접을 받고 싶어 한다. 부모는 그들의 이런 소망을 뒷받침해 줘야 한다. 아이가 있는 자리에서 어린 시절을 상기시킨다거나, 돌 때 벌거벗고 찍은 사진을 보여 주는 일은 삼가야 한다. 칭찬, 비판, 보상, 규율 들을 십 대 아이에게 적용할 때는, 어린아이가 아니라 어린 성인으로 여기면서 적용해야 한다.

아이들을 얽매려고 하지 말자
사춘기 아이들은 얽매려고 하면 적대감을 보인다. 아이를 얽어매려는 부모는 반드시 아이의 원성을 사게 된다. 십 대들은 자립을 갈망한다. 자기 일을 자기가 알아서 한다는 기분이 들게 하면 그만큼, 부모를 향한 아이의 적대감은 줄어든다.

현명한 부모는 시간이 지날수록 자신을 아이에게 없어도 그만인 존재로 변화한다. 그런 부모는 십 대의 성장 드라마를 공감하는 마음으로 지켜본다. 지나치게 자주 개입하려는 욕심이 일어날 때는 자제한다. 현명한 부모는 관심과 존중하는 마음을 가지고, 할 수만 있다면 언제든지 아이가 스스로 선택하고 자신의 힘을 활용할 수 있게 해 준다. 그런 부모의 언어에는 자립심을 불어넣는 표현이 사려 깊게 골고루 배어 있다.

"선택은 네 몫이야."
"그 결정은 네가 하는 거야."
"만일 네가 원한다면."
"그것은 너의 결정이야."
"네가 어떤 선택을 내려도 난 괜찮아."

'그래'라는 부모의 한마디는 어린아이를 매우 기분 좋게 한다. 하지만 십 대는 자기 인생에 영향을 끼치는 문제에 대해서 발언하고 선택할 필요가 있다.

다음 이야기는 부모가 아이를 존중하며 대응한 한 가지 예이다.

"열여섯 살 된 내 딸아이가 자기 남자 친구 문제를 어떻게 해결할 계획인지 내게 말하더군요. 딸아이는 내가 자기 계획에 대해서 어떻게 생각하는지 알고 싶어 했어요. 난 '네가 올바른 결정을 내릴 수 있을 것이라고 믿는다'라고 말해 주었어요. 딸은 만족하는 눈치였어요. 신중한 목소리로 '엄마, 고마워'라고 했어요."

사실을 고치려고 서둘지 말자

십 대 아이에게 잘못된 사실을 고쳐 주려고 하면 완강하게 반응할 때가 자주 있다. 다가갈 수도, 가르쳐 줄 수도 없는 아이로 변해서, 다른 누구에게 영향을 받거나 어떤 사실도 강제로 받아들이지 않겠다고 각오한다.

한 십 대 아이는 말한다.

"잘난 체하는 사람들은 결코 빠지지 않을 그런 오류에 빠지는 것도 그런대로 괜찮아요."

다른 십 대 아이는 말한다.

"우리 아빠가 옳다는 건 알아요. 하지만 어떤 때는 아빠도 틀렸으면 좋겠어요."

치료를 받고 있는 한 십 대 아이는 설명한다.

"우리 아빠는 태어나기를 뭘 고치는 사람으로 태어난 것 같아요. 내가 나름대로 뭘 하고 있는 것만 보면 아빠는 기분이 나빠져요. 아빠한테는 항상 더 좋은 방법, 자기 자신만의 방법이 있어요. 아빠가 고쳐 준 것들이 내 기억 속에는 미움의 바늘과 함께 재깍거리고 있어요. 난 아빠의 충고가 싫어서 나만의 실수를 범하기로 다짐했어요."

독설을 퍼붓는 부모는 아이에게 사실을 존중하는 태도를 가르쳐 줄 수가 없다. 진리를 위한 진리는 가족 관계에서는 치명적인 흥기가 될 수 있다. 동정심이 없는 진리는 사랑을 깨뜨릴 수 있다. 아이들에게 어디서, 어떻게 그리고 왜 자기들이 옳았는지를 사실 그대로 증명하려고 필사적으로 덤비는 부모들이 더러 있다. 이런 접근 태도는 오로지 씁쓸함과 실망만 안겨 줄 따름이다. 태도가 적대적이면 사실도 설득력을 갖지 못한다.

아이의 사생활을 침해하지 말자

십 대에게는 사생활이 필요하다. 사생활은 아이들이 자기 자신만의 삶을 확보하는 유일한 공간이다. 사생활을 인정해 주는 것으로 부모는 아이에게 그들을 존중한다는 사실을 입증할 수 있다. 사생활은 아이가 부모 품에서 벗어나 성장할 수 있는 바탕이 된다.

어떤 부모는 지나치게 많은 것을 알고 싶어 한다. 아이의 소셜미디어를 읽고, 전화 통화에 귀를 기울인다. 그렇게 사생활을 침해하면 거센 분노만 불러일으킬 것이다. 속았다는 생각에 아이는 격렬하게 반응한다. 아이는 사생활 침해를 비열한 행위라고 받아들이고 이를 공격한다.

어떤 소녀는 이렇게 말했다.

"우리 엄마는 나를 존중해 주지 않아요. 엄마는 내 사생활을 침범하고 시민권을 침해해요. 엄마는 내 방으로 들어와서 내 서랍을 정돈해요. 어질러진 것을 보면 참을 수가 없다는 거예요. 엄마 방만 치우고 내 방은 그대로 놔두면 좋겠어요. 엄마가 내 책상을 치우자마자, 난 일부러 다시 어질러요. 그런데도 엄마는 도무지 그걸 깨닫지 못해요."

어떤 아이들은 부모가 지나치게 관심을 가지고 자기들 사회생활에 관여한다고 불평한다.

열일곱 살 난 버니스는 괴로운 표정을 지으며 말한다.

"우리 엄마는 내 데이트 상대가 도착하기도 전에 옷을 근사하게 차려입어요. 내가 나갈 준비를 하는 동안에는 그 애와 함께 수다를 떨고요. 심지어는 우리와 함께 차 있는 곳까지 걸어가기도 해요. 데이트를 마치고 돌아오면 엄마는 나를 기다리고 있다가 잔뜩 호기심에 부풀어 내게 달려들어 온갖 것을 다 물어봐요. 그 애가 무슨 말을 했는지, 난 뭐라고 대답했는지, 내 기분은 어땠는지, 그 애가 돈은 얼마를 썼는지, 앞으로 어떻게 할 것인지 물어요. 내 생활은 펼쳐 놓은 책 같아요. 한 장 한 장이 공개적인 발표문이에요. 내 친구가 되어 주려고 하는 엄마 마음을 상하게 하고 싶지는 않아요. 하지만 마흔 살 먹은 친구는 필요 없어요. 오히려 조금이나마 사생활이 더 필요해요."

아이의 사생활을 지켜 주려면 거리를 둘 필요가 있다. 하지만 부모들이 이를 지키기란 쉽지 않다. 부모는 아이와 가깝고 친밀하게 지내고 싶어 한다. 좋은 뜻에서 한 행동이 아이의 사생활을 간섭하고 침해하게 된다. 친밀함을 그런 방식으로 표현하면 서로를 존중하지 못하게 된다. 서로를 존중하는 마음이 흘러넘치게 하려면, 부모는 십 대 아이와 어느 정도 거리를 지켜야 한다.

'함께 서 있되, 지나치게 가깝게 서 있지 않을' 수 있어야 한다. 십 대를 존중하는 것은 그들을 단 하나뿐인 독특한 개인, 부모와는 다른 한 인간으로 인정하는 데서 출발한다. 결론적으로 말해서, 부모도 아이도 서로 상대의 소유가 아니다. 각자는 자기 자신의 소유이다.

케케묵은 말이나 설교를 하지 말자
열다섯 살 메이는 말한다.

"엄마한테는 무슨 말을 할 수가 없어요. 지나칠 정도로 걱정을 많이 하기 때문이에요. 나를 도와주기 전에 먼저 엄마부터 고통을 느끼기 시작해요. 눈에는 눈물이 그렁그렁하고, 얼굴로는 '이런, 불쌍한 것. 네 마음이 아픈 것보다 엄마 마음이 더 아파.'라고 말해요. 지나치게 마음이 약해서 피만 보면 정신을 잃는 의사에게 무슨 도움을 받고 싶겠어요? 우리 엄마는 그런 사람이에요."

아이에게 도움을 줄 수 있으려면 부모는 감정 이입을, 다시 말하면 아이의 여러 가지 기분이나 감정에 전염되지 않고 진정한 마음으로 그것에 반응할 수 있는 능력을 갖춰야 한다. 아이가 분노하고 두려워하고 혼란스러워할 때, 부모는 분노하고 두려워하고 혼란스러워하지 않으면서, 아이를 도와줄 수 있어야 한다.

'내가 네 나이 때는' 하고 이야기를 시작하면 아이는 즉시 귀를 닫는다. 아이들은 부모의 도덕적인 장광설에 귀를 기울이기보다는 자신을 변호하려고 한다. 그들은 부모가 과거에 얼마나 착했는지, 그런 부모에 비해 자기들이 얼마나 형편없는지 하는 이야기를 듣고 싶어 하지 않는다. 이야기에 귀를 기울이는 경우에도 아이는 부모가 그토록 열심히 공부했고, 지각이 있었고, 머리가 좋았고, 검소했고, 예의 바르게 행동했다는 말을 믿지는 않는다. 사실 아이는 부모에게 한때 젊었던 시절이 있었는지 상상하는 것조차도 쉽지 않다.

길게 이야기하지 말자
열일곱 살 배리는 말한다.

"엄마는 대화를 나누는 것이 아니라 강연을 해요. 간단한 일도 엄마에게 가면 복잡한 연구가 되어 버려요. 내가 짤막하게 물으면, 엄마는 장황하게 대답해요. 그래서 난 엄마를 피해요. 연설을 듣다 보면 시간을 너무 많이 빼앗기거든요. 장황하게 이야기하지 말고, 문장 몇 개, 문단 몇 개로만 끝내면 좋겠어요."

열여덟 살 난 리로이는 말한다.

"우리 아빠는 사람을 다정하게 대할 줄 몰라요. 아빠의 대화는 절대 인간 대 인간의 대화가 아니에요. 늘 부서 대 부서의 대화예요. 아빠는 미리 판단을 내려서 분류하고 정리해요. 아빠는 심지어 자기 자식인 우리한테도 낯선 사람이에요."

열여섯 살 난 베스는 말한다.

"아빠는 온도에는 민감하지만, 기질에 대해서는 전혀 그렇지 않아요. 감정과 느낌에 대해서는 전혀 깜깜해요. 행간의 뜻을 읽지 못하고, 말로 표현하지 않은 말의 의미를 감지하지 못해요. 아빠는 듣는 사람이 딴생각하는 것도 눈치채지 못하고 장황하게 이야기할 수 있는 사람이에요. 대놓고 지루하다는 표정을 짓는데도 아빠는 그걸 보지 못해요. 이야기가 논점에서 벗어났다는 사실도 몰라요. 아빠의 생각은 자기 의견을 분명하게 밝히지 못했다는 데에만 가 있어요. 아빠는 이야기는 하지만, 의견을 주고받지는 않아요. 아빠는 가르치고 설교해요. 그리고 일단 대화를 시작했다 하면, 정도를 넘어요."

아이가 듣는 자리에서 꼬리표를 달지 말자

부모들은 아이를 마치 못 듣는 사람처럼 대할 때가 자주 있다. 부모는 아이가 마치 물건인 것처럼, 듣고 있는데도 아이에 대해 이야기한다. 부모는 아이의 과거에 대해 이러쿵저러쿵 이야기하며, 미래를 앞질러 판단한다. 그렇게 해서 부모를 만족시키는 점괘가 만들어진다.

"앨피는 날 때부터 아니다 싶은 녀석이었어. 그 녀석은 타고난 비관주의자야. 과거에도 항상 그랬고, 앞으로도 그럴 거야. 물이 절반쯤 담긴 유리컵을 주면, 반이 비어 있는 것만 눈에 들어올 거야. 그 반면에 브루스는 타고난 낙천주의자야. 거름을 발견하면 조랑말을 찾기 시작할 녀석이야. 용기를 잃는 법도 없고. 아마 성공할 거야. 클레어는 허공에 붕 떠 있어. 공상가야. 클레어는 시인인 이모 에밀리를 닮았어. 자기 자신의 세계 속에서 살고 있지."

그렇게 꼬리표를 다는 것은 위험하다. 아이들은 부모가 맡긴 배역에 맞춰서 사는 경향이 있기 때문이다.

아이의 심리를 역이용하지 말자

십 대 아이들이 부모 때문에 못 살겠다고 불평을 털어놓는 경우가 자주 있다. 열다섯 살 베르타는 말한다.

"나는 기분 좋게 집에 왔어요. 그런데 10분 뒤에는 미친 듯이 소리를 질러 대고 있어요. 엄마는 화를 돋우는 데 귀신이에요. 내가 얌전하게 행동하기를 바랄 때는 이렇게 말해요. '넌 절대 변할 애가 아니야.' 솔직하게 충고한다고 해 놓고는, '괜한 말을 한 것 같구나. 그런다고 네가 뭘 배우는 건 절대 아닐 텐데 말이야.'라는 말을 덧붙여요."

아이의 이런 불평은 정당한 것이다. 부모는 아이 스스로 자신을 의심하게 만드는 비난을 해서는 안 된다. 이는 정직하지 못한 접근 방법으로, 아이들의 행동과 인간관계를 심각하게 왜곡하게 된다. 그 밖에도 부모의 말이 아이 귀에 들어가고, 아이가 그 말을 마음에 담아 둘 위험은 항상 실제로 존재한다.

모순되는 메시지를 보내지 말자

십 대 아이들은 부모에게서 받은 혼란스럽고 모순되는 메시지 때문에 크게 곤란을 겪는다. 열다섯 살 난 몰리에게 어머니는 이렇게 말했다.

"좋아. 파티에 가 봐. 재미있게 지내. 그런데 너도 잘 알겠지만, 네가 외출하면 엄마는 절대 잠을 못 자. 네가 올 때까지 기다리고 있을게."

어머니의 말은 딸을 옴짝달싹할 수 없는 상황으로 내몰았다. 몰리는 파티에 가면 못된 딸이 된다. 또 춤을 추러 가지 않으면 다른 아이들에게 욕을 먹는다. 어머니의 이중 메시지는 결국 혼란과 고민을 낳고 말았다. 모순을 피하려면, 한 가지 메시지만 분명하게 전달해야 한다. 딱 부러지게 금지하려면 금지하고, 너

그렇게 허락하려면 허락해야 한다. 아이의 선택에 맡길 경우는 그 사실을 분명하게 전달해야 한다.

열네 살 된 브렌다는 어머니에게 파티에 가도 좋으냐고 물었다. 어머니는 대답했다.

"생각해 보자꾸나. 내일 아침까지는 분명한 답을 줄게. 아침 9시에 다시 물어봐."

어머니는 딸의 요청에 대해서 곰곰이 생각해 보고, 파티에 대해서 알아보았다. 그런 다음 딸에게 파티에 가도 좋다고 너그럽게 허락했다. 어머니는 이렇게 말했다.

"좋은 파티인 것 같더구나. 원한다면 가도 좋아."

어머니는 브렌다를 도와서 입고 갈 적당한 옷을 골라 주고, 재미있고 즐거운 파티에 가는 딸을 배웅해 주었다.

앞일을 예단하지 말자

많은 부모는 아이가 제대로 성숙하지 못할까 봐 걱정한다. 한편으로는 빨리 어른이 되라고 아이를 괴롭히면서, 아이의 운명에 대해서는 한탄을 늘어놓는다.

"시간 맞춰서 하는 습관을 들이지 못했다가는 절대 직장을 얻지 못할 거야."

"글씨도 쓸 줄 모르는데, 누가 널 취직시켜 주겠니."

아무리 열심히 미래에 대해 고민한다고 해도, 이런 부모는 거의 실패하게 되어 있다. 아주 현실적으로 생각해 볼 때도 부모가 아이에게 미래를 준비시켜 줄 수는 없다. 부모가 할 수 있는 일은 아이가 현재의 문제를 처리하는 데 도움을 주는 것뿐이다. 아이가 평생 안고 살아가야 할지도 모를, 영혼이 송두리째 뒤흔들리게 될 경험에 대해서 부모가 실질적인 대비를 해 주거나 대신할 수는 없다. 사랑하는 사람에게 버림을 받거나 친구에게 배신을 당하거나, 또래에게 따돌림을 받거나 교사에게 학대를 당하거나, 친척 또는 친구의 죽음으로 충격을 받는 경험들에 대해서 말이다.

그렇게 우연적인 사건을 추측해 봐야 소용없다. 사랑에 빠진 남자아이에게 "사랑이 식는 경우도 많아. 여자 친구가 널 버릴 수도 있어. 미리 대비하는 편이 좋을 거야." 말하는 것은 그리 현명한 처사가 아니다. 또는 "한 친구에게 너무 많이 의지하지 마. 그 친구가 널 배신할 수도 있어. 만일의 경우에 대비해서 더 많은 친구를 사귀는 것이 좋을 거야." 또는 "너 보니까 강아지를 지나치게 애지중지하더구나. 그 녀석이 죽기라도 하면 어떡할래? 강아지가 영원히 살 수는 없잖아. 그런 생각에도 익숙해지도록 해라." 이런 식의 말도 마찬가지다.

아이들은 위기가 생길 때마다 그 위기를 극복하려고 노력하면서 자기 삶의 길을 걸어가야 한다. 그때는 부모의 말 없는 사랑이 가장 든든한 힘이 된다. 충고도 받아들이려 하지 않고, 조목조목 따져 물으면 화를 낼 것이다. 부드러운 경고도 자신을 모욕하는 것으로 받아들인다. 아이는 부모의 사랑과 존중이라는 든든한 바탕 위에서, 혼자 힘으로 인생 여정의 모험에 나서야 한다. 부모가 관심을 가지고 아이를 도울 수 있는 가장 좋은 방법은, 믿음을 가지고 기다리는 것이다.

열일곱 살 난 여자아이는 이렇게 말했다.

"돌이켜 보면 엄마 아빠는 강요하지 않고, 늘 그 자리에 말없이 서서 기다려 주었어. 두 팔을 활짝 펴고 집으로 돌아오는 여행객을 기다리는 항구처럼…."

3

마음에 상처를
주지 말자

경험을 인정한다

내과 의사들이 내거는 모토가 있다.

"Primum Non Nocere."

이것은 무엇보다도 상처를 입히지 말라는 뜻이다. 부모들에게도 이와 비슷한 원칙이 필요하다. 먼저 십 대 아이의 지각 능력을 부정하거나, 경험에 대해 왈가왈부하지 말아야 한다. 아이의 감정을 인정해야 한다. 특히 아이가 보고 듣고 느끼고 이해한 것을 놓고, 사실은 그게 아니라고 설득하려 들지 말아야 한다.

캐럴과 어머니는 함께 진열장의 상품을 보며 돌아다니고 있었다.

캐럴 이 블라우스 정말 예쁘다.
어머니 예쁘기는 무슨…. 볼품없고 천박한데.

이렇게 대꾸하면 아이에게 원성을 산다. 어머니는 딸이 잘못된 선택을 하지 않도록 도와주려고 그렇게 말했을지도 모른다. 하지만 어머니 말에 들어 있는 숨은 의도는 캐럴의 귀에 들어오지 않았다. 캐럴의 귀에는 "넌 바보구나. 취향이 형편없어." 하는 소리로만 들렸다.

십 대 아이의 취향을 공격하지 않고 대응해야 효과를 거둘 수 있다. 공격하는 대신에 아이의 취향을 설명해 주는 것이 좋다.

"엄마가 보니까 넌 목 부분을 깊게 판 블라우스를 좋아하는구나."

"넌 초록, 분홍, 자주색을 좋아하는구나."

"넌 디자인이 대담한 옷을 사고 싶어 하는구나."

그렇게 표현한 뒤 부모가 좋아하는 것을 말하면 된다.

"난 부드러운 색이 좋아."

"난 디자인이 섬세한 옷을 사고 싶어."

"난 물방울무늬가 좋은데."

이런 표현들이 바람직한 까닭은 가치 평가를 하지 않기 때문이다. 여기에는 비판이 담겨 있지 않다. 오로지 사실대로 기술할 뿐이다. 사실대로 기술할 때는 적대감과 반항을 불러일으키지 않는다. 자기 취향을 비판하지 않는데, 아이가 자신을 옹호할 이유가 없다. 부모가 비판적으로 반응하지 않으면, 아이는 편안한 마음으로 자신의 선택에 대해서 다시 생각할 것이다. 그렇게 되면 체면 구기는 일 없이 마음을 바꿀 수 있다.

짠 수프: 도덕이 담긴 이야기

열네 살 난 신시아는 숟가락에 수프를 가득 떠서 맛을 보았다.

신시아 (얼굴을 찌푸리며) 너무 짜.

어머니 아냐. 그렇지 않아. 엄마는 소금을 거의 쓰지 않잖아. 불평 그만하고 먹기나 해.

신시아 정말 싫은데.

어머니 맛있는 수프야. 버섯과 보리 그리고….

신시아 그렇게 맛있으면 엄마가 먹어.

어머니	무슨 말버릇이 그러니? 어린 게 버르장머리 없이. 왜 그래? 아프리카에 있는 수백만 명의 어려운 아이들에게 이런 수프를 주면 아주 좋아할 텐데.
신시아	그럼 그 아이들에게 주면 되겠네. (신시아는 뛰쳐나가 자기 방으로 들어갔다.)

이런 사건은 좋게 끝낼 수도 있다. 아이가 음식이 너무 맵다거나 뜨겁다거나 차다고 불평할 때, 맛의 취향을 놓고 왈가왈부해 봐야 소용이 없다. 그 대신 아이의 경험을 사실로 인정해 주고 다음과 같이 대응하는 것이 좋다.

"수프가 너한테는 많이 짠가 보구나."
"차가 아직도 너무 뜨겁구나."
"이런, 커피가 벌써 차갑네."

다음 경우처럼 부모가 나서지 않는 것이 현명하다. "조금만 기다려. 차가 식을 테니까." 또는 "좀 더 따끈한 커피를 마시고 싶으면, 커피포트에 전원을 켜." 이렇게 말하는 대신 아이가 스스로 나서서 해결책을 찾도록 하는 것이 좋다.

어려움을 인정하면서 아이가 해결책을 제안할 때까지 기다리면, 아이에게 자기 의지를 주장하고, 자율권을 행사할 수 있게 기회를 주는 셈이 된다.

음식은 사랑의 상징이다. 음식 문제는 너그럽게 해결하는 것이 가장 좋다. 부모의 너그러움을 이용해서 아이가 멋대로 굴지는 않을 것이다. 오히려 아이도 호의적인 태도를 보일 것이다. 분위기가 좀 더 부드러워지면 불만은 연기처럼 사라지고 해결책이 나타난다.

칼의 어머니는 비프스틱이 짜다고 아들이 불평하자 이렇게 대꾸했다.

"이런, 너한테는 너무 짠가 보구나. 다른 먹을 게 있으면 좋겠는데."

그러자 열일곱 살인 칼이 대답했다.

"괜찮아, 엄마. 소금 알갱이하고 같이 먹지, 뭐."

모두 다 웃음을 터뜨렸고, 위기는 해결되었다. 전에는 이와 비슷한 일로 불평을 하면 서로 화를 내며 말싸움을 벌이다가 기분이 엉망이 되곤 했다.

추상미술과 구체적인 대화
열세 살 난 캘빈은 아버지와 함께 추상미술 화랑에 들렀다.

캘빈   이 그림들은 아무 의미가 없는 것 같아.
아버지   네가 미술에 대해서 뭘 아니? 미술에 대한 책이라도
         몇 권 읽어 보기는 했어? 자기 의견을 말하기 전에
         먼저 공부부터 해.

캘빈은 아버지에게 분노 어린 눈길을 보내며 말했다.

"그래도 난 이 그림들이 저질 같아."

이런 대화를 한다고 캘빈의 그림 감상 실력이 높아지거나

아버지에 대한 사랑이 깊어지는 것은 아니다. 오히려 모욕을 느끼고 마음에 상처를 받은 캘빈에게 복수심만 심어 주었다. 캘빈은 아버지에게 받은 모욕을 갚아 줄 기회를 노릴 것이다. 캘빈에게 했던 말은 부메랑이 되어 언젠가 아버지에게 돌아올 수도 있다. 아버지는 아들이 "아빤 제대로 알고서 그렇게 말하는 거야?" 하는 소리를 듣게 될지도 모른다. 서로 결코 하지 말아야 할 말이, 아이 입에서 나올 수도 있다.

열네 살 난 클라라가 현대미술에 대해 비판했을 때, 어머니는 딸의 의견을 반박하지 않았다. 딸의 취향을 비난하지도 않았다.

어머니　넌 추상미술을 좋아하지 않는구나?
클라라　응. 보기가 싫어.
어머니　구상미술이 더 좋으니?
클라라　그게 뭔데?
어머니　넌 집이 집처럼, 나무가 나무처럼, 사람이 사람처럼 보이는 그림을 좋아하지?
클라라　응, 맞아.
어머니　그러니까 넌 구상미술을 좋아하는 거야.
클라라　이상해, 엄마. 지금까지 구상미술을 좋아했으면서도, 그걸 모르고 있었다는 게 말이야.

평화 정책: 말과 감정

열여섯 살 난 찰스는 정치학에 흥미가 있다. 그는 낯선 지역과 외국에 대해서 이야기하는 것을 좋아한다. 물론 항상 사실을 정확하게 이해하는 것은 아니고, 의견도 과장되어 있는 경우가 많다.

> 찰스　중국이 곧 세계에서 가장 강한 나라가 될 거야. 지금이 바로 중국에게 선전포고를 해야 할 때야.
> 아버지　열여섯 살짜리 우리 군사 천재 좀 보시지. 그런 복잡한 문제에 대해서 네가 뭘 안다고 그래? 얼빠진 이야기만 하면서 말이야. 내가 중국에 대해서 몇 가지 말해 주지.
> 찰스　(화를 내며) 괜찮아, 아빠. 난 지금 가야 돼.
> 아버지　무슨 말이야? 논쟁이 너무 뜨거워질까 봐 그러는 거야? 좋아. 트루먼 대통령은 이렇게 말했어. "열을 견디기 어렵거든 부엌 밖에서 기다려"라고 말이야.

화가 난 찰스는 거실을 떠났다. 반면에 아버지는 세계 평화를 주제로 아내에게 강연을 계속했다. 평화에 대한 아버지의 설교는 가정에 전쟁이라는 결과를 불러왔다. 아버지와 아들이 대화를 나누기는 했는데, 가족을 더 많이 사랑하고 존중하는 마음이 생기지도 않았고, 찰스가 평화나 정치에 대해서 더 많은 것을 배우게 된 것도 아니다. 오히려 아버지에게 화를 내고, 생각을 혼자 마음에 간직하는 태도만 심어 주게 되었다.

　꼭 논쟁을 벌여야 했을까? 그렇지 않을 수도 있었다. 십 대 아이에게 멍청하고 바보 같은 생각을 한다는 사실을 확신시켜 주려고 애쓰는 것은 절대 현명한 처사가 아니다. 아이는 부모의 말을 사실로 믿을지도 모르는데, 그럴 때는 정말 위험해진다. 아이의 의견을 놓고 왈가왈부하지 않는다는 원칙을 세워 두었다면 아버지는 이렇게 말할 수도 있었을 것이다.

"아빠는 네가 전쟁과 평화에 대해 어떤 생각을 하고 있는지 관심이 있어. 네 생각을 좀 더 말해 봐라."

그러고 나서 아버지는 아들이 지닌 관점의 핵심을 자기 말로 반복해서 말할 수도 있었을 것이다. 아버지가 아들의 말에 귀를 기울이고 이해했다는 증거가 되니까 말이다. 그리고 바로 자기 자신의 견해를 밝혔으면 좋았을 것이다.

"내가 보니까, 우리는 중국에 대한 견해가 서로 많이 다른 것 같아. 내 생각은 말이야…."

논쟁에서는 자기 자신의 견해를 말하기 전에, 다른 사람의 관점을 요약해서 자신이 정확하게 들었는지 말하는 태도가 아주 중요하다. 십 대에게 제대로 의사소통하는 대화의 방법을 보여 주는 것이야말로 부모의 책임이다. 그런 방법의 예를 들어 보자.

- 주의를 기울여 듣는다.
- '반대론자'가 언급한 내용의 핵심을 되풀이한다.
- 비난과 험담을 하지 않는다.
- 자신의 견해를 진술한다.

제3의 귀를 가지고 귀 기울여 듣고, 공감을 나타내는 반응을 보여 주면, 아이는 부모의 말에 주의를 기울인다. 아이가 모호하게 말할 때, 부모가 그 내용의 요점을 명확하게 짚어 주면 아이의 마음을 얻을 수 있다. 부모를 신뢰할 수 있고, 부모의 말이 부모의 감정과 일치할 때 아이는 부모를 존중한다.

다음 이야기는 부모가 아이의 경험을 인정하는 예를 잘 보여 준다.

아이의 느낌을 인정하자

열다섯 살 난 코라는 여동생이 스케이트를 타러 가고 남동생이 볼링을 하러 간 일에 불만을 터뜨렸다.

코라   동생들은 항상 뭘 하러 가더라. 스케이트도 타고, 볼링도 하고 말이야. 난 걔들 나이 때, 아무것도 못 했어. 엄마 아빠는 날 한 번도 스케이트장에 데리고 가지 않았잖아.

어머니   어이구, 얘 좀 보게. 너도 알다시피 의사가 스케이트 타러 가면 안 된다고 해서 그런 거잖아.

아버지   그건 네가 아파서 그랬던 거야. 그 사실을 잊은 모양이구나. 그렇지만 우리끼리도 여러 군데 다녔어.

코라   뭘 했는지 기억이 안 나. 엄마 아빠가 날 아무 데도 데리고 가지 않아서 그래.

어머니와 아버지   (둘 다 항의하듯) 아니야, 널 데리고 다녔어. 서커스 구경 간 것 기억나지 않니? 캐나다로 여행 간 적도 있었잖아?

바로 이 시점에서 어머니는 접근 방법을 바꿨다. 어머니는 재빨리 코라의 기분에 공감하면서 남편에게 말했다.

"얘가 소외감을 느끼는 것 같아. 정말로 자기가 무시당하고 있다는 생각이 드나 봐."

코라가 큰 소리로 엄마의 말을 확인해 주었다.

"그런 기분이 들어요!"

어머니   이유는 중요하지 않아. 지금 네 느낌이 그렇다면, 전에 정말 우리가 그랬을 거야.

코라   (낮은 목소리로) 맞아!

주제의 열기가 가라앉고 논쟁은 끝이 났다. 어머니는 이렇게 말했다.

"이 사건은 나에게 이성과 논리로는 감정에 끌리기 쉬운 십대 아이의 욕구를 만족시키지 못한다는 확신을 주었어요. 동시에 논쟁의 한복판에서도 접근 방법을 바꿀 수 있다는 것을 가르쳐 주었고요."

아이의 지각을 존중하자

다음은 아이의 지각 능력을 부정하기보다 인정하는 법을 터득한 어느 어머니의 이야기이다. 캐리 가족은 학기가 끝나기 이틀 전에 플로리다로 여행을 가기로 계획을 세웠다. 열세 살 캐리는 여행 일정에 대해서 듣더니 화를 내며 말했다.

캐리 난 학기가 끝나기 전에는 떠날 수 없어. 그러면 수업을 너무 많이 빼먹게 돼.

아버지 바보 같은 소리 하지 마. 방학 전에는 학교에서도 거의 수업을 안 해.

캐리 아냐. 아빠는 수업을 하루 빼먹으면 어떻게 되는지를 모르면서.

아버지 허, 참. 겨우 이틀이야! 교사들도 휴가를 가야 하기 때문에 학기 말에는 마무리만 해.

아버지와 캐리의 대화가 점점 더 뜨거워졌다. 그 순간 어머니는 뭐가 잘못되었는지를 깨달았다. 아이의 지각을 업신여기지 말라는 마음의 소리가 들려왔기 때문이다. 어머니는 캐리에게 말했다.

"8학년인데, 이틀이나 수업을 빠지면 문제가 커질 수도 있어. 그걸 보충하자면 공부를 무척 많이 해야 할 테니까. 너 혼자 집에서 지내다가 나중에 비행기를 타고 와서 엄마 아빠와 만나는 방법도 있어."

그러자 캐리의 표정이 즉시 의기양양해졌다. 어머니는 말을 계속했다.

"아니면 네가 직접 네 담임선생님과 이 문제에 대해 상의해서, 출발하기 전에 미리 방과후 수업을 받을 수도 있을 거야. 어떻게 하면 좋겠는지 생각해 보고 우리에게 알려 줘. 어찌 되었든, 방학 전 이틀 때문에 엄마 아빠도 네 처지를 난처하게 하긴 싫어."

결정권이 자기에게 넘어오자, 캐리는 즉시 말했다.
"나한테 맡겨 줘. 해결책을 찾아볼게."

아이의 어려움을 이해하자

다음은 곧잘 기지를 발휘하곤 해서, 기분 좋게 하루를 시작하게 한 어머니의 이야기이다.

"자명종이 울렸는데, 열다섯 살 난 사이러스가 자명종을 꺼서 엎어 놓더니 다시 잠이 드는 거예요. 난 큰 소리로 알려 주었어요.

'사이러스, 네 시계로 7시 30분이야.'

'알았어요.'

사이러스가 잠이 덜 깬 소리로 투덜댔어요.

'침대 밖으로 나오기가 싫을 거야. 쌀쌀한 아침에는 특히 더 그래. 따뜻한 코코아 한잔할래?'

'아니, 차라리 커피하고 토스트를 먹을래. 다른 건 싫어.'

사이러스는 일어났어요. 잔소리나 협박 같은 것은 할 필요가 없었어요. 하지만 사이러스는 여전히 언짢은 기분이었어요. 불평을 하더군요.

'이 책들을 공부할 생각을 하면, 하루를 시작하기 전인데도 싫증부터 나.'

'오늘 아침에 엄마가 태워다 줄까?'

나는 물었어요. 사이러스는 대답했어요.

'그럼 좋겠지. 하지만 이렇게 이른 아침에 엄마를 집 밖으로 나오게 하고 싶지 않아. 빨리 운전면허를 따면 좋겠어. 중고차나

지프차를 사면 내가 직접 운전하고 다닐 거야.'

그러더니 옷을 입고는 걸어서 학교로 갔어요."

<u>아이의 감정을 이해하자</u>
이 이야기는 어느 음악 교사가 기록한 것이다.

열세 살 난 크레이그는 피아노 연습에 필요한 쓰기 숙제를 해 오지 않았다. 그전에는 숙제를 안 해 올 때마다 이유를 물었다. 그때마다 나는 얼토당토않은 변명만 들었다. 이번에는 모욕이나 협박, 질문 같은 것은 하지 않고 내 불쾌한 감정만 드러냈다.
"네가 숙제를 해 올 거라고 기대했는데."
크레이그는 항의했다.
"하지만 연습은 했어요."
난 단호하게 대답했다.
"쓰기 공부는 네 책임이야."
그러자 크레이그는 말했다.
"선생님은 봐주는 법이 없어요. 지난번 선생님은 정말 마음이 좋았는데."
나중에 연습하면서 크레이그가 말했다.
"난 정말 피아노 치는 것이 좋아요. 그런데 연습은 별 재미가 없어요. 연습을 안 해도 된다면 얼마나 좋을까."
"혼자 연습하자면 외롭기도 하겠지."
내가 맞장구쳐 주자 크레이그 눈빛이 환해졌다.

"그래요. 정말 외로워요. 그게 어떤 기분인지 선생님도 정말 알고 있는 것 같아요, 그렇죠?"

난 소리 없이 웃었다. 그러자 크레이그는 연습을 계속했다.

인격과 방법

경험을 인정하고 감정을 확인해 주는 것은 인간관계에 도움을 주는 테크닉이다. 그런 것들은 분명 속임수나 술책이 아니다. 또 기계적으로 적용할 수도 없다. 그것들은 관심과 존중이라는 테두리 안에서 쓸 때만 도움이 된다. 인간관계에서는 테크닉만 이야기할 수 없다. 실제 관계에서 그것을 활용하는 사람이 어떠한지가 아주 중요하다. 공감과 신뢰가 없으면, 테크닉은 통하지 않는다.

4

마음을 치유하는 대화

부모는 아이의 변호인

열네 살 난 다니엘은 길길이 뛰고 소리를 지르며 집으로 돌아왔다.

다니엘 저 어벙한 버스 운전사 스미스 아저씨가 나더러 자꾸 멍청이래! 세 번이나 그랬어. 또 날 밀치기까지 했어.

어머니 스미스 아저씨가 아무 이유도 없이 널 밀지는 않았을 거야. 네가 그분이 화날 짓을 했겠지. 무슨 짓을 한 거니?

다니엘 아무 짓도 하지 않았어. 그냥 이야기만 했어.

어머니 난 널 잘 알아. 스미스 아저씨도 알고. 그분은 좋은 사람이야. 분명히 그 아저씨가 일부러 널 다치게 하지는 않았을 거야. 개구쟁이 아이들이 가득 타고 있는 버스를 운전하는 게 쉬운 일은 아니야.

이 시점에서 다니엘의 분노가 폭발했다. 다니엘은 있는 대로 목소리를 높이며 버럭 소리를 질렀다.

"엄마는 내 걱정은 하나도 안 해. 늘 다른 사람들 편만 들어."

그러더니 집을 뛰쳐나갔다.

이 이야기에서 어머니의 이야기는 전혀 아무런 도움이 되지 못했다. 십 대 아이가 어려움에 처해 있을 때, 아이를 심판하려고 드는 어른들이 많다. 재판이 공정하려면 변호인 없이 아이 혼자 재판을 감당하게 해서는 안 된다. 아이의 변호사로서 부모보다 더 뛰어난 사람이 누가 있겠는가? 많은 부모는 아이에게 검사처럼 행동한다. 어쩌다 논쟁이 벌어지면, 그들은 자기 아들이나 딸보다는 낯선 사람을 변호하려고 한다. 그런 부모들은 운전사가 불친절하고, 교사가 괴롭히고, 종업원이 무례하게 굴고, 수위가 모욕을 주고, 이웃 사람이 잔소리를 하고 골목대장이 난폭한 행동을 하는 것에 대해, 아이 앞에서 그들을 옹호하고 변명하려 든다.

어떤 부모는 십 대 아이가 다른 사람들과 갈등을 일으킬 때, 아이가 약해질까 봐 두려워서 아이를 도와주려고 하지 않는다. 부모들은 아이를 도와주고 싶은 본능적인 움직임을 애써 억누른다. 그렇게 해야 아이가 '격렬한 투쟁의 학교'에서 인생에 대해 준비를 더 잘할 것이라고 믿기 때문이다. 이런 잘못된 믿음이 많은 부모를 아이에게서 멀어지게 한다.

부모는 자녀의 변호인이다. 변호사처럼 부모도 법률의 틀 안에서 움직인다. 부모는 버릇없는 행동을 용서하지 않으며, 비행을 용납하지 않는다. 변호사는 범죄를 권장하지 않는다. 금고 털이 도둑의 기술이나 사기꾼의 교활함을 칭찬하지도 않는다. 하지만 변호사는 범죄와 무관하게 피고인을 변호한다. 아무리 어려운 상황이더라도 정상을 참작할 만한 상황이 없는지 찾아내고, 도움과 희망을 주려고 노력한다.

먼저 아이의 마음을 헤아린다＊

다니엘이 어머니에게 학교 버스 운전사한테 모욕을 당하고, 떠

＊ 이 단원에 나오는 사례 가운데 일부는 개정판 《부모와 아이 사이》에 나오는 사례이다.

밀렸다고 말했을 때, 어머니의 의무는 운전사의 행동을 설명해 줄 동기를 찾거나 운전사의 변명을 해 주는 것이 아니다. 아들이 느낀 분노, 상처, 모욕감을 어머니가 이해하고 있다는 사실을 아들에게 보여 주는 것이 어머니가 해야 할 일이다. 아래에 예로 든 말들 가운데 어느 하나만 해 주었더라면, 다니엘은 어머니가 자기가 겪은 일을 이해하고 있다고 생각했을 것이다.

"너 정말 퍽 당황했겠구나."
"무척 창피했겠구나."
"너 정말 화가 났겠구나."
"너 그 일로 무척 기분이 상했겠구나."

공감하며 귀 기울여 주는 사람이 이해하며 받아들여 줄 때, 격한 감정은 그 강도가 약해지고 뾰족한 날이 부드러워진다. 우선 감정을 헤아려 줄 때는 그다음 행동은 뒤로 미루는 것이 좋다. 곧바로 다른 사람에게 교훈을 주려는 시도는 하지 않는 게 좋다. 즉각적인 개입이 갈등만 부추기는 수도 있기 때문이다. 감정이 진정되고 기분이 변할 때, 사건을 해결하고 평화를 되찾는 게 더 쉽다. 아이가 감정이 격해 있을 때 부모의 대응은 다른 사람과는 달라야 한다. 모르는 사람은 이성에 호소하지만, 부모는 마음에 호소해야 한다.

열일곱 살 난 데이비드는 여름방학에 아르바이트하려고 면접을 봤지만 거절당했다. 데이비드는 실망하고 침울한 기분으로 집에 돌아왔다. 아버지는 아들의 기분에 공감하며, 이를 효과적으로 아들에게 표현했다.

> 아버지　정말 이 일을 하고 싶어 했는데, 그렇지?
> 데이비드　그랬어.
> 아버지　그 일을 위해서 준비도 많이 했고.
> 데이비드　맞아. 일을 할 수 있었으면 정말 좋았을 텐데.
> 아버지　실망이 크겠구나.
> 데이비드　응, 아빠.
> 아버지　정말 필요해서 일을 찾다가 실패하면 실망이 큰 법이야.
> 데이비드　그런 것 같아.

잠시 침묵이 흘렀다. 그러고 나서 데이비드는 말했다.
"그렇다고 세상이 끝난 것은 아니야. 다른 아르바이트 자리를 찾아볼래."

갈등으로 이끄는 일곱 가지 길

위에서 언급한 상황에 부닥쳤을 때, 여러 가지 잘못된 방법으로 대처할 수도 있다.

1 논리적인 판단-"뭘 기대했던 거냐? 원했던 첫 아르바이트 자리를 구하는 거? 인생은 네 생각대로 되지 않아. 취직하려면 다섯 번, 아니 열 번 정도는 면접을 봐야 할지도 몰라."
2 상투적인 위로-"그러니까 말이야, 로마는 하루아침에 이

루어지지 않았어. 넌 아직도 어려. 앞으로 창창한 인생이 네 앞에 좍 놓여 있잖아. 실망하지 마. 네가 미소를 지으면, 세상도 너와 함께 미소를 지을 거야. 네가 울면, 너 혼자서만 울게 될 거고. 이번 일로 떡 줄 사람은 생각지도 않는데, 김칫국부터 마시면 안 된다는 것을 배우길 바란다."

3 부모를 예로 들기 – "네 나이 때 첫 일자리를 구하러 나서면서, 난 구두에 광을 내고, 이발을 하고, 깨끗한 옷을 입고, 〈월스트리트저널〉을 옆구리에 끼었어. 남들에게 좋은 인상을 주려면 어떻게 해야 하는지 알고 있었거든."

4 상황을 최소화하기 – "왜 그렇게 풀이 죽어 있는지 모르겠구나. 네가 그토록 낙담할 이유가 없는데 말이야. 이거 원! 세상에 일자리가 하나만 있는 것도 아닌데. 더 얘기할 가치도 없어."

5 단점 들추기 – "사람들과 대화하는 법을 모르는 것이 네 단점이야. 걸핏하면 말실수하잖아. 넌 침착하지 못해서 가만있지를 않아. 너무 덤벼. 무던한 끈기가 없고, 민감한 성격이라 쉽게 상처를 받아."

6 자기 연민 – "안됐구나. 무슨 말을 해야 할지 모르겠다. 나도 마음이 아파. 인생에는 행운에 좌우되는 일이 매우 많아. 다른 사람들은 모두 운이 좋아서, 어디든 가면 도움 주는 사람을 만날 수 있는데, 우린 아는 사람 하나 없어. 누구 하나 우릴 알아주지 않아."

7 지나치게 낙천적인 접근 방법 – "인생 만사는 결국 잘되게 되어 있어. 이번 버스를 놓치면, 금방 다른 버스가 오는 법

이야. 손님이 적은 버스가 온단 말이야. 이번 일자리를 구하지는 못했지만, 다른 일자리를 얻게 될 거야. 어쩌면 더 좋은 일자리가 생길지도 몰라."

부모들은 효과적인 의사소통을 위해서 위와 같은 위험을 피하는 방법을 터득해 둘 필요가 있다. 주의 깊게 귀를 기울이고, 간단하게 공감을 표시하면서 대응하는 것이 좋다.

중립적인 응답

어른들은 십 대 아이들의 주장에 보통 찬성 또는 반대라는 두 가지 방법 가운데 하나로 반응한다. 하지만 중립적인 판단이 아이를 도와주는 가장 좋은 반응이 될 때가 자주 있다. 중립적인 반응은 칭찬이나 비판을 하지 않는다. 그 대신 아이의 감정을 확인해 주고, 소망을 인정하며, 의견을 존중한다.

다음 이야기에 등장하는 여러 어머니는 감정이 격한 상황에서도 침착하게 아이 마음을 살피며 반응했다.

"몸이 아파 집에 혼자 있으려니 섭섭해."
"남편은 아이들을 데리고 스케이트장에 갈 계획이었어요. 그런데 열세 살인 도나가 병이 나서, 남동생만 남편을 따라갔어요. 도나는 불같이 화를 냈어요. 화를 내는 것을 보고 도나에게, '보통 네 동생이 집에 있을 때는 항상 너만 아빠와 외출했어. 그런데 이제 동생이 바람 좀 쐬러 나간다고 하니까 네가 불평을 하는구나.'라고 말해 주고 싶었어요. 그런데 다행히도 난 그 말을 자제했어요. 마음 한구석에서, 도나를 재판하는 대신 그 기분을 인정해 줄 수 있으면, 일이 훨씬 더 잘 풀릴 거라는 생각이 들었거든요.

'아빠와 동생이 스케이트 타러 가는데, 아파서 집에 남아 있으려니까 섭섭하지, 도나?'

도나도 인정하더군요. 내가 '너도 함께 가고 싶을 거야'라고 말했더니, 도나는 긴 한숨을 쉬며 그렇다고 대답했어요. 그러더니 기분이 풀어졌는지, 금방 책에 빠지더군요."

"너희들도 엄마 아빠와 함께 가고 싶을 거야."
"연이어 세 번째 저녁 나들이를 하는 날이었어요. 우리에게는 흔하지 않은 일이었고… 난 무척 흥분해 있었어요. 극장에서 남편을 만나기 전에 해야 할 일이 무척 많았어요. 우리 아이들은, 어리든 십 대든, 하나같이 날 도와주려고 하지 않았어요. 모두 짜증만 부렸어요.

'흐으으으음. 오늘 밤 여기서는 별 도움을 얻지 못할 것 같은데. 모두 날 도와주는 것이 아니라, 도와 달라고 손을 벌리고 있으니 말이야. 흐으으음, 너희들도 엄마 아빠와 함께 극장에 가고 싶은 게 틀림없어.'

아이들이 고개를 들었어요. 눈웃음을 짓는 걸 보고 내 예상이 맞았다는 걸 짐작할 수 있었어요. 다른 말이 더 필요 없더군요. 말이 끝나기가 무섭게 아이들은 솔선수범해서 날 도와주었어요. 기분을 알아주어서 고맙다는 것을 행동으로 옮긴 거예요."

4 마음을 치유하는 대화

"무척 지루한 하루였겠구나."

어머니와 딸이 설거지를 하고 있었다.

    도라   너무 힘들어.
    어머니   무척 지루한 하루였겠구나.
    도라   응. 수업이 너무너무 따분해.
    어머니   무척 지루해….
    도라   응. 우리 선생님 말이 너무 느려. 목소리도 되게 단조롭고. 수학과 과학, 내리 두 시간을 그 선생님이 가르쳤어.
    어머니   수업 시간이 무척 길게 느껴졌겠구나. 해도 해도 끝이 없는.
    도라   맞아. 지겨워 죽는 줄 알았어. 근데 지금은 좀 나아졌어.

"급하게 서두르려니 속이 상하겠구나."

"우리 집은 네 아이와 남편이 아침 7시 30분에서 8시 10분 사이에 집을 나서요. 그런데 지난주 어느 날 아침에는 모두가 다 7시 50분까지 잠을 잤어요. 그러니 그 소동이 얼마나 가관이었겠어요. 상상해 보세요. 하지만 나는 '새로운 태도'로 그 상황을 타개했어요. 아이들의 기분을 인정해 주었는데, 그 방법이 매우 효과적이었어요.

    '자명종 맞춰 놓는 걸 깜박 잊어서 정말 속이 상하겠구나!'
    '이렇게 급하게 옷을 입으려니 기분이 언짢을 거야.'
    이런 말들이 내가 평소에 하던, 책임감 있게 시간을 지키라는 설교보다 훨씬 더 효과적이라는 것을 깨달았어요."

"공부할 게 많구나."
"열세 살 난 올리버가 기분이 엉망이 되어서 학교에서 돌아왔어요. 숙제도 많은데, 거기에다 학교에서 마치지 못한 과제까지 있었어요. 올리버는 선생님이 너무 공부만 하라고 해서 싫다고 하더군요. 나는 '얘, 그건 너희 선생님 잘못이 아니야. 잘못은 네게 있는 거야. 만일 수업 시간에 공부를 끝냈다면, 집에서는 하지 않아도 되잖아.' 하며 설교하고 싶은 충동이 일었지만 참았어요. 그 대신 '받아쓰기, 수학 그리고 사회, 이것을 모두 하루에 하려면 공부할 게 많구나.'라고 말했어요. 놀랍게도 올리버는 '지금 당장 시작하는 것이 낫겠어. 공부할 게 많으니까.'라고 대답하더군요."

"저 많은 사람 앞에 나가 연주하려면 떨릴 거야."
"다이앤은 열네 살인데 타고난 피아니스트예요. 그런데 연주회에서 발표할 때는 제 실력을 발휘하지 못해요. 연주하기 전이면 늘 신경이 예민해져서 울음을 터뜨리며 불평을 늘어놓아요. 난 다이앤에게 겁낼 것 없다고 말해 주곤 했어요.

'관객들은 네가 어디서 실수를 저지르는지 몰라.'
'네 실력은 대단해. 그러니 가서 그것을 보여 줘.'
'이건 바보 같은 짓이야.'
이런 식의 공허한 말로 아이에게 자신감을 심어 주려고 노력했어요. 한마디로 아이의 고통스러운 감정을 무시했어요.

다이앤은 연주할 때 제 실력을 발휘한 적이 한 번도 없었어요. 잊어버릴 때도 있고, 테크닉을 제대로 발휘하지 못할 때도 있고, 섬세한 뉘앙스를 놓치는 때도 있었어요. 연주회가 끝날 때마다, 다이앤은 항상 울면서 자신을 낙오자라고 했어요. 난 연주가 보잘것없었다는 사실을 애써 무시하며, 다이앤에게 훌륭한 실력이 있다고 우겼어요. 난 뭔가를 속이고 있었고, 다이앤은 내 말이 거짓이라는 걸 알고 있었어요.

지난주에도 다이앤은 피아노 연주회에 참가했어요. 늘 겪던 대로 순서를 기다려야 했고, 울음이 시작되었어요. 난 이번에는 미리 준비하고 있었어요. 다이앤이 연주를 할 수 없을 것 같다며, 자기가 아프니 관객들에게 얘기해 달라고 부탁하기에, 진지하게 귀를 기울였어요. 그런 다음 말했어요.

'저 많은 사람 앞에 나가 연주하려면 떨릴 거야. 마치 그 사람들이 널 심판하고 있다는 기분이 드는 것도 당연하고. 물론 무척 신경이 쓰일 거야.'

다이앤은 자기 귀를 믿을 수 없다는 표정을 지었어요. 이렇게 말하더군요.

'엄마가 내 기분을 이해하네. 엄마가 그럴 거라고는 전혀 생각하지 못했는데.'

다이앤은 훌륭하게 연주를 마쳤어요. 긴장하고 걱정을 하면서도, 다른 때보다 좋은 연주를 했어요. 연주를 마친 뒤, 묻더군요.

'이번에는 정말 박수를 받을 만하다고 생각해. 엄마는 그렇게 생각하지 않아?'

나는 대답했어요.

'네 연주에 귀를 기울이고 있는데, 엄마 마음이 그렇게 흐뭇할 수가 없었어.'

다이앤의 눈에 기쁨의 눈물이 가득했어요."

공감과 진심

지금까지 제안한 방법은 테크닉이기도 하지만, 동시에 사람들 사이에서 가져야 할 마음가짐이기도 하다. 진지하게 공감하는 마음으로 쓸 때만, 우리에게 도움을 줄 수 있다. 그런 테크닉과 마음가짐은 선택적으로 또 때에 맞게 적용했을 때 효과가 있다. 십 대 아이들은 부모와 이야기하면서 다양하게 반응한다. 그들은 뭘 좋아하는지, 또는 뭘 싫어하는지를 말과 행동으로 부모에게 표현한다. 부모들이 현명하게 대처한다면, 사람에 따라 기질과 성격이 서로 다르다는 사실을 무시하는 일은 벌어지지 않을 것이다.

5

비판:
새로운 접근

생활 속 교훈

부모들이 하는 대부분의 비판은 실제로 아무런 도움이 되지 못한다. 안타깝게도 부모들의 비판은 분노, 울분, 복수심만 일깨우고, 심지어는 더 나쁜 영향을 끼치기도 한다. 계속해서 비판을 받으면, 십 대 아이는 자신을 비하하는 동시에 다른 사람의 단점을 찾으려 든다. 그러다가 아이는 자신의 가치를 의심하고, 동시에 다른 사람의 가치도 하찮게 여기는 성격이 되어 버리기도 한다. 사람들을 의심하며, 사람들이 잘못되기를 바라는 고약한 심보가 자라난다. 대부분의 비판은 사실 할 필요가 없는 비판이다. 길에서 방향을 잘못 잡아 길을 잃어버렸을 때, 가장 쓸데없는 일이 비판이다. 그 시점에서 운전 기술을 분석하고 평가하는 것은 전혀 도움이 되지 않는다. 우리에게는 명확하게 방향을 안내해 줄 친절한 사람이 필요하다.

다음과 같은 말은 아무 도움이 되지 않는다.

"왜 길을 잘못 들어선 거야."
"표지판을 못 본 거야?"
"글도 읽지 못해?"
"안경을 써야겠군."
"왜 방향을 틀기 전에 생각을 못 한 거야?"

열네 살 난 에드는 집의 자가용을 닦기로 약속했다. 그런데 깜빡 잊어버리고 있다가 뒤늦게라도 어떻게든 차를 닦으려고 했다.

아버지   차를 닦으려면 무척 힘이 들 텐데. 위쪽과 왼쪽을 닦으려면 특히 더 그래. 할 수 있겠니?
에드   아빠, 오늘 밤엔 차를 닦을 수 있을 거야.
아버지   고맙구나.

에드의 아버지가 비판적인 아버지였다면, 이 사건은 격렬한 드라마가 되었을지도 모른다.

아버지   차 닦았니?
아들   응, 아빠.
아버지   분명히 닦았어?
아들   닦았어.
아버지   그런데 차가 왜 이렇게 더럽고 지저분하니? 차를 닦기 전보다 더 더러워 보여.
아들   하지만 닦긴 닦았어.
아버지   그걸 닦았다고 하는 거냐? 그냥 논 거지. 넌 항상 그래. 넌 항상 모든 게 장난이야. 그런 식으로 인생을 헤쳐 나갈 수 있다고 생각하니? 그렇게 해서는 직장에서 하루도 버티지 못할 거야. 넌 책임감이 없어. 그것이 네 본래 모습이야!

유익한 비판

생산적인 비판에는 한 가지 중요한 효력이 있다. 일이 벌어졌을 때, 무엇을 해야 하는지 지적해 주는 것이다. 유익한 비판은 인격을 건드리지 않는다. 유익한 비판은 어려운 사건에만 대처하는 것이다. 결코 사람을 공격하지 않는다. 아이가 처한 상황에 대해서만 이야기할 따름이다.

열여섯 살 난 펠릭스가 2학기 화학 시험에 낙제하자, 아버지는 걱정이 되어서 펠릭스를 불러 이야기를 나누었다. 그는 한 가지 사실, 즉 어려운 화학을 공부하는 데 도움이 될 수 있는 방법을 찾는 것에만 초점을 맞추었다. 흥분해서 과거를 들춰내 입씨름을 하거나 앞날을 속단하지도 않았다. 책임을 돌리거나 결과를 들먹이며 위협하지도 않았다. 시종일관 문제를 해결하려는 태도를 잃지 않았다.

"문제는 우리에게 있어. 해결책을 찾아보자꾸나."

유익하지 못한 비판

제대로 부모 노릇을 하려면, 어린 시절부터 깊이 몸에 배어 있는 가르침들 가운데 몇 가지는 버려야 할지도 모른다. 과거를 이해하지 못하는 사람들은, 어쩔 수 없이 과거를 되풀이하기 마련이다. 우리 목적은 과거가 맹목적으로 되풀이되는 것을 막는 데 있다.

다음 글은 토론 모임에서 부모들이 나눈 이야기를 요약한 것인데, 이 점을 잘 지적해 주고 있다.

A 부인　화가 나면 몇 가지 표현이 마음에 가득 차요. 가라앉히려고 해도 잘 안 돼요. 심지어는 30년 전에 우리 어머니가 쓰던 말투와 똑같은 말투를 쓰는 거예요.

B 부인 우리 아버지는 걸핏하면 날 '바보'라고 불렀어요. 난 그게 싫었어요. 그런데 지금 보니까 내가 우리 아들을 똑같은 별명으로 부르고 있는 거예요. 정말 실망스럽더군요. 그럴 때면 내 자신이 싫어요.

C 부인 난 비판받는 데 워낙 이골이 나서, 비판을 받지 않으면 이상할 정도였어요. 그런데 내가 어렸을 때 우리 엄마가 내게 썼던 것과 똑같은 말을 지금 내가 아이들에게 쓰고 있어요. 난 뭘 제대로 해 본 적이 없었어요. 그래서 엄마는 늘 내게 일을 한 번 더 시켰어요. 지금 내가 우리 아이들에게 똑같은 행동을 하고 있어요.

D 부인 우리 부모님은 모욕의 표현을 세 가지 언어로 넉넉하게 준비해 두고는 실컷 써먹었어요. 난 우리 아이들에게는 그런 표현을 쓰지 않으려고 무척 애를 써요. 그런데 화가 나니까 나도 어쩔 수가 없더군요.

E 부인 우리 어머니는 가수였어요. 화가 나면 이탈리아어로 날 모욕하는 노래를 불렀어요. 그때마다 난 미칠 것만 같았어요. 그런데 내가 아들에게 이탈리아어와 영어로 모욕의 노래를 부르는 소리가 내 귀에 들리는 거예요! 얼마나 놀랐는지 몰라요.

우리는 너나없이 즉시 내뱉을 수 있는 모욕적인 표현을 수집해서 몸에 지니고 다닌다. 이런 과거의 유물은 불필요한 짐만 될 뿐이다. 빈정대고 조롱하지 않고도 이야기 나누는 방법을 터득할 수 있다. 부모와 십 대 아이가 이야기할 때 서로를 꼬집는 대화 방식은 피해야 한다. 빈정거림은 증오를 부르고, 서로 공격하려는 마음을 자극할 뿐이다.

열여섯 살 스탠리는 말한다.

"우리 아빠는 빈정대는 데 일가견이 있어요. 아빠의 혀는 채찍 같아요. 남이 한 달 동안 쌓아 올린 업적을 아빠는 1분 안에 허물어뜨릴 수 있어요. 지난주, 난 우리 학교 테니스 시합에서 우승했어요. 내가 봐도 나 자신이 대견스러웠어요. 세상의 주인이 된 것 같았어요. 아빠에게 '아빠, 내가 우리 테니스팀의 주장을 이겼어'라고 말했어요. 빈정대는 투가 역력한 말투로 아빠는 '얼마나 한심한 주장이었으면!' 하고 말했어요. 그 순간 난 제정신이 아니었어요. 증오심과 분노가 어찌나 거세게 치밀어 오르던지, 아빠 옆에 있는 게 두려울 정도였어요. 난 아빠를 향해 소리를 질렀어요. '얼마나 한심한 아빠였으면!' 그러고는 방을 뛰쳐나갔어요."

비판과 자기 이미지

인격과 성격에 대해 비판을 받으면 십 대 아이는 자신을 부정적으로 여기게 된다. 인격에 붙은 악의적인 형용사들은 아이에게 파멸적인 영향을 끼친다. 십 대 아이를 멍청하다거나 칠칠맞지 못하다거나 못됐다고 표현하는 경우, 이 말을 들은 아이의 몸과 영혼 안에서는 당연히 그에 대한 반응이 일어난다. 아이는 원망과 분노를 삭이며, 상상 속에서 앙갚음을 꾀한다. 그러면서도 자신의 적대적 태도에 죄의식을 느낀 나머지, 불손한 행위를 저질러 스스로 처벌을 자초한다. 아이의 별난 행동은 비판과 처벌의 또 다른 악순환으로 이어진다. 이렇게 연쇄 반응이 일어나면서 가족은 고통을 겪는다.

멍청하다는 평가를 반복해서 들어온 아이는 그런 평가를 사실로 받아들인다. 그런 아이는 머리를 쓰는 일을 처음부터 포기한다. 조롱을 받고 싶지 않기 때문이다. 그런 아이에게 경쟁은 곧 실패를 의미하기 때문에, 처음부터 시도하지 않는 편이 안전하다고 생각한다. 그런 아이는 학교에서 절대 자발적으로 손을 들지 않는다. 시험은 빼먹고, 숙제는 손조차 대지 않고, 학기 말 시험이 다가오면 병이 난다. 그런 아이는 평생 동안, "시도하지 않으면 실패하지도 않는다"는 그릇된 생각에 안간힘을 다해 매달리려고 한다. 걸핏하면 칠칠맞지 못하다는 소리를 듣는 십 대 아이는 이런 평가를 받아들여 자기 이미지를 구성할 것이다. 그런 아이는 민첩하게 움직여야 하는 운동이나 그 밖의 사회적인 활동을 포기할지도 모른다. 자기는 그런 일에는 전혀 재주가 없다고 철석같이 믿기 때문이다.

열여섯 살 난 시어도어가 실수로 양탄자에 페인트를 쏟자, 아이의 부모는 벌컥 화를 냈다.

어머니   페인트 조심하라고 내가 몇 번이나 말했니? 늘 말썽이라니까.

아버지   (넌더리를 내며) 쟨 어쩔 수가 없다니까. 저 칠칠맞지 못한 버릇을 남 줄 수가 있겠어? 전에도 늘 저 모양이었잖아. 앞으로도 늘 저럴 거야.

의심할 수 없는 분명한 사실은 아이에게 모욕을 준 대가가 페인트값보다 훨씬 더 비싸다는 점이다. 믿음의 상실을 값으로 따지면 얼마가 될까? 실수를 저질렀다고 아이에게 모욕을 안겨서는 안 된다. 이런 경우에 가장 효과적인 대응 방법은, 아이의 인격을 짓밟는 대신, 페인트를 지우는 것이다.

"풀이 쏟아졌네. 걸레 가져와라."
열다섯 살 페이가 카펫 위에 풀을 쏟았다. 어머니가 큰 소리로 말했다.
"풀이 쏟아졌구나. 가서 걸레하고 물을 가져와라."
어머니는 "풀은 워낙 딱 달라붙기 때문에, 카펫에서 떼어 내기가 쉽지 않아." 하면서 페이가 더러워진 카펫을 청소하는 것을 도와주었다. 그러자 페이는 "엄마, 미안해. 조심했어야 하는 건데."라고 사과했다.
페이의 어머니는 까다로운 상황에 효과적으로 대처했다. 페이를 나무라지 않고, 문제를 해결하는 데 우선 관심을 쏟았기 때문이다. 다음에는 조심하라고 주의를 주고 싶은 마음도 없지는 않았지만, 딸이 자기를 무척 고맙게 여기는 것을 보고, 다시 말을 입속으로 주워 담았다. 옛날 같았으면 풀을 엎질렀다고 아이를 야단치고 나서 하루 종일 기분이 언짢았을 것이다.

"뭘 쏟았는데 아무도 혼을 내지 않으니까, 정말 좋아."
다른 어머니는 이런 이야기를 들려주었다.
"점심을 먹고 있는데, 열네 살 난 제 딸이 우유를 쏟았어요.

난 이야기를 멈추지 않았어요. 딸아이가 벌떡 일어나더니 걱정하지 말라고, 자기가 닦겠다고 하더군요. 그래서 나는 하던 말을 계속했어요. 딸이 이렇게 말하더군요.

'뭘 쏟았는데도 나무라는 사람이 없으니까, 정말 좋아.'"

"처음에는 소리를 지르고 싶었어요."
또 다른 어머니는 이렇게 말했다.

"열세 살짜리와 열여섯 살짜리 두 아이와 12일간 휴가를 마치고 집으로 돌아오는 길이었어요. 작은 사건 하나 때문에 여행 기분이 엉망이 될 수도 있었는데, 부드럽게 잘 처리했어요. 새로운 사실을 배운 덕을 본 거예요. 열여섯 살 난 딸아이는 제일 좋아하는 팔찌를 차고 다녔어요. 다음 휴게소로 가는 도중에 딸아이가 하얗게 질려 당황한 표정으로 내게 고개를 돌렸어요. 팔찌가 없어졌다는 거였어요.

처음에는 왜 그렇게 조심성이 없고 멍청하냐고 딸에게 소리를 지르고 싶었어요. 하지만 나는 꾹 참고 말했어요.

'이런, 어떡하니! 호텔에 두고 온 모양이다. 호텔에 연락하면 사람들이 팔찌를 찾아 줄 테니 기다려 보자.'

딸이 안도하는 얼굴로 고맙다고 하더군요. 망칠 뻔한 휴가도 구한 셈이 되었지요."

잉크와 분노
다른 어머니는 이런 이야기를 했다.

"집에 돌아와 보니, 식탁 의자와 소파 위에 잉크 얼룩이 묻어 있는 거예요. 서둘러 알아보니 열네 살짜리 아들 녀석이 저지른 일이라는 심증이 들었어요. 주머니에 깨진 펜이 들어 있는지도 모르고 돌아다니는 아이거든요.

전에는 이런 일이 있으면 소리를 지르는 것이 예사였는데, 그 대신에 이번에는 사건 현장 모습을 아이에게 보여 주었어요. 난 아이와 함께 의자와 소파를 닦았어요. 비난하는 말 같은 것은 거의 하지 않고 청소를 끝냈어요. 나도 놀랐어요. 내가 그렇게 침착할 수 있었다는 게 자랑스러웠어요.

한 시간쯤 후에 침실에 들어갔는데, 거기서도 잉크 자국이 눈에 띄었어요. 헝겊을 댄 의자에도 잉크가 묻었는데, 그 얼룩은 완벽하게는 지울 수 없었어요. 이번에는 정말 참기가 어려웠어요. 정말 나를 시험할 수 있는 기회였어요. 일단 아이의 방문을 노크하기로 했어요. 그렇지 않았다가는 일이 어떻게 될지 나도 장담할 수가 없는 상황이었어요. 그런데 아들 녀석이 하는 말이 아까 내가 화를 내지 않은 것이 그렇게 고마울 수가 없었다는 거예요. 처음에는 정말 겁이 났대요. 내게 그 말을 해 주고 싶었다고 하더군요. 그 말을 듣고 나서 시험을 다시 한번 더 뒤로 미루기로 했어요."

일은 언제 잘못되는가

부모들이 알아 두면 좋을 교훈이 있다. 일이 잘못되었을 때, 십대 아이들의 인격이나 성격에 대해서 무슨 말을 하는 건 바람직하지 않다. 물에 빠져 죽어 가는 사람에게 수영을 가르치려고 하거나, 질문을 던지거나, 행동을 비난하는 것은 어리석은 짓 아니겠는가? 그럴 때는 무엇보다도 그를 도와 목숨을 구해 주어야 한다.

"네 기분이 나쁘다는 걸 알아."
다음은 아이가 열세 살인 어떤 어머니의 이야기이다. 어려운 상황에서 현명하게 도움을 준 실제 사례이다.

"프랭크가 장문의 가정통신문을 들고 왔어요. 좋은 내용은 하나도 없었어요. 전에도 여러 번 그런 가정통신문을 받은 적이 있어요. 그때마다 프랭크를 며칠 동안 꾸짖곤 했어요. 기회가 있을 때마다 그 사건을 들먹여서 그 때문에 우리가 얼마나 실망했는지 상기시켜 주기도 했고요. 하지만 이번에는 아이를 똑바로 바라보며 말했어요.

'프랭크, 그런 가정통신문을 들고 집에 오려니 심란했겠구나.'
프랭크도 부끄러워하며 고개를 끄덕였어요. 전에는 선생님에게 프랭크를 변명하는 편지를 써 보냈어요.

이번에는 단지 가정통신문을 받았으며, 앞으로는 프랭크가 잘 해낼 것이라고 확신한다는 내용만 썼어요. 난 아이에게 그 편지를 읽어 주었어요.

그다음 날에는 교장 선생님과 면담을 했어요. 그 이야기를 프랭크에게 했더니 프랭크가 대답하더군요.

'교장 선생님까지 만나지 않아도 되는 건데. 나 이제 학교생활을 전보다 더 잘하고 있어.'

가정통신문에 대한 내 대응 방법이 아이의 학교생활 문제를 해결해 줄 수 없을지도 몰라요. 하지만 그 일로 해서 나와 프랭크의 관계는 더 좋아졌어요."

어떻게 일을 그르치는가

부모와 십 대 아이 사이에서 정기적으로 다툼이 벌어지는 가정이 많다. 십 대들은 부모가 싫어하는 짓을 하기도 하고, 귀에 거슬리는 말을 하기도 한다. 부모는 아이를 모욕하는 말로 대응한다. 아이는 더 나쁜 행동과 말로 응수한다. 부모는 위협과 처벌을 앞세워 아이를 몰아붙인다. 이어서 난타전이 벌어진다.

열세 살 난 플로이드가 농구공을 튀기며 거실로 들어왔다.

    어머니   공 가지고 밖으로 나가. 그러다 뭐가 깨지겠다.
    플로이드   싫어.

그런데 바로 그때, 농구공이 스탠드에 부딪혔고, 스탠드는 마룻바닥에 떨어져 산산조각이 났다.

    어머니   꼭 소리를 지르게 만든다니까. 무슨 말을 하면 듣는 법이 없어. 넌 꼭 뭘 부숴야 직성이 풀리니? 심심하면 저렇게 멍청한 짓을 한다니까.
    플로이드   엄마도 세탁기를 망가뜨렸잖아. 왜 나한테만 그래?
    어머니   플로이드, 정말 버르장머리 없는 말버릇이구나.
    플로이드   엄마가 먼저 그랬어. 날 보고 멍청하다고 했잖아.
    어머니   더 이상 아무 말도 듣고 싶지 않아. 지금 당장 네 방으로 들어가.

플로이드 더 이상 나더러 이래라저래라 하지 마. 이젠 나도 어린애가 아니야.

어머니 당장 네 방으로 가지 못해!

플로이드 엄마가 보내 봐!

이렇게 노골적으로 권위에 도전하자, 어머니는 아들의 몸을 붙들고 흔들어 대기 시작했다. 어머니 손에서 벗어나려고 하다가, 플로이드는 어머니를 밀치게 되었다. 어머니는 미끄러져 바닥에 넘어졌다. 깜짝 놀라 밖으로 도망간 플로이드는 밤이 늦도록 집으로 돌아오지 않았다.

단순한 사건이 심각하게 커진 것이다. 말다툼으로 시작된 일이었기 때문에, 그렇게까지 심각해질 필요가 없는 사건이었다. 그런 사건은 좀 더 현명하게 처리할 수 있다.

어머니가 어떻게 했으면 좋았을까? 공을 집어서 거실 바깥으로 치우면서 단호하게 "거실은 공놀이하는 곳이 아니야"라고 말할 수도 있었을 것이다. 다른 말로 아이를 더 이상 비난할 필요는 없다. 아니면 스탠드가 부서졌을 때, 언짢음을 표현하면서도 아들을 도와 깨진 조각을 치울 수도 있었을 것이다. 비난을 하더라도 부드럽게 했더라면 플로이드는 반항심보다는 미안함을 느꼈을지도 모른다.

어머니가 침착하게 대응했더라면, 플로이드 스스로 거실은 공놀이하는 장소가 아니라는 결론을 내렸을지도 모른다. 일반적으로 신랄한 비판은 적대감을 부른다. 신랄한 비판은 바람직한 행동을 낳지 못한다.

균형 감각

십 대 아이가 부모한테서 배워야 할 것이 있다. 불쾌하고 성가시기만 한 사건과 심각하고 비극적인 사건을 구별하는 법을 배워야 한다. 또 균형 감각과 가치 기준을 배워야 한다. 사소한 불행을 크게 부풀려서 엄청난 재앙처럼 다루어서는 안 된다.

유리가 깨진 것하고 팔이 부러진 것은 다르다. 풀이 쏟아진 것과 피를 흘리는 것은 다르다. 스웨터 한 장 잃어버렸다고 해서 화를 낼 것까지는 없다. 셔츠가 찢어졌다고 보기 흉한 장면을 만들 필요는 없다.

열네 살 난 필립은 어쩌다가 마루에 못을 쏟았다. 필립은 미안하다는 표정으로 아버지를 바라보았다.

필립 이런, 난 왜 이렇게 칠칠맞지 못하지?
아버지 못을 좀 쏟았다고 해서 그렇게까지 말할 필요는 없을 거 같은데.
필립 그럼 무슨 말을 해?
아버지 못이 쏟아졌잖아. 그저 못을 주워야겠다고 말하고 주우면 돼.
필립 그런 말만 하면 돼?
아버지 그런 말만 하면 돼.
필립 아빠, 고마워.

아버지는 허리를 숙이고 아들을 도와 못을 몇 개 주웠다. 필립은 진정으로 감탄하는 얼굴로 아버지를 바라보았다. 필립은 아버지가 보여 준 교훈을 어른이 되어서도 오래도록 기억할 것이다. 아이가 순간적으로 저지른 실수를 어떻게 하면 관대하고 생산적으로 다룰 수 있을까? 아버지에게 꾸중을 들은 아이는 그만큼 더 많은 것을 배우게 될까?

"자, 네가 저지른 일을 봐라. 좀 더 조심스럽게 굴 수 없겠니? 늘 꼭 그렇게 덤벙거려야 하겠니? 왜 네 손에 닿기만 하면 뭐든 꼭 바닥에 굴러떨어지는 거냐?"

아버지에게 이런 꾸중을 듣는다고 해서 지금보다 더 조심스러운 아이가 되겠는가?

핵심적인 교훈

다음과 같은 충고는 무조건 받아들여야 한다.

- 인격을 공격하지 않는다.
- 성격을 비판하지 않는다.
- 지금 벌어진 사건만 다룬다.

인격을 공격하는 것은 외과 수술을 하는 것과 같다. 인격에 대한 공격은 마음에 상처를 주며, 어떤 경우에는 치명적인 상처를 줄 수도 있다. 드물게 외과 수술을 해야 할 경우도 있을지 모른다. 하지만 언제나 외과 수술은 다른 수단이 없을 때 의지하는 마지막 수단이어야 한다.

외과 수술을 하려면, 의사와 환자 모두에게 조심스러운 준비가 필요하다. 의사는 차분하고 침착해야 하고, 환자는 기꺼이 수

술을 받을 마음의 준비가 되어 있어야 한다. 파괴적인 형용사를 동원하여 인격 전체에 낙인을 찍는 비판을 가하는 것이 가장 나쁘다. 그렇게 인격에 찍힌 낙인은 대부분 정당하지도 않고, 반드시 인격을 모독하고, 항상 사람을 격분케 한다.

톨스토이는 이렇게 말했다.

가장 널리 퍼진 미신 가운데 하나는 사람은 누구나 자신만의 특별하고 명백한 특징을 갖고 있다는 말이다. 그런 미신에 따르면 사람은 친절하거나, 거칠거나, 현명하거나, 아둔하거나, 원기 왕성하거나, 감정이 없거나 한다. 하지만 사람은 그렇지 않다…. 사람은 강물과 같다. 모든 강물이 여기서는 폭이 좁아지고, 저기서는 흐름이 더 빨라지며, 여기서는 흐름이 느려지고, 저기서는 폭이 더 넓어지며, 때로는 맑고, 때로는 차가우며, 때로는 흐릿하고 때로는 따뜻하다. 사람도 이와 같다. 모든 사람이 자기 안에 인간이라면 누구에게나 있는 특징의 싹들을 지니고 다닌다. 어느 때는 이런 특징이 드러나고, 어느 때는 다른 특징이 밖으로 드러난다. 사람은 늘 같은 사람이면서도, 때로는 그가 아닌 다른 사람이 되기도 한다.

6

모욕을 주지 않고 화내기

> 친구에게 화가 나서
> 화가 났다고 털어놓자, 화가 사라졌다.
> 원수에게 화가 났지만
> 화가 났다고 말하지 않았다. 화는 커져만 갔다.
>
> — 윌리엄 블레이크

분노의 소리

영어에는 각기 다른 뉘앙스를 지닌, 온갖 분노를 나타내는 표현이 풍부하다. 우리는 기분이 나쁘고, 불만스럽고, 불쾌하고, 짜증 나고, 어이가 없고, 괘씸하고, 화가 나서 어쩔 줄 모르고, 분통이 터지고, 약이 오르고, 원통하고, 격분하고, 분개하고, 노여워하고, 펄펄 뛰고, 격노하고, 노발대발한다.

분노는 우리의 시선에 색을 입힌다. 분노로 얼굴이 새하얗게 질리고, 격노로 벌겋게 달아오른다. 화가 나서 얼굴이 빨개진다. 눈앞이 캄캄해진다. 화가 나서 얼굴이 잿빛이 된다. 눈에서 불꽃이 튄다. 분노는 정신·신체·의학적인 현상이다. 우리는 얼굴을 붉히고, 눈살을 찌푸리며, 주먹을 불끈 쥔다. 콧구멍이 벌름거리고, 귀가 먹먹하며, 피가 끓는다. 온몸이 떨린다. 히스테리가 발작한다. 분노하면 우리는 딴사람이 된다. 우리는 불끈하고, 속으로 꾹 삭이고, 깊은 원한을 품고, 달아오르고, 끓어오르고, 불끈하고, 폭발한다. 우리는 울화통을 터뜨린다, 발끈한다, 자제심을 잃는다, 분통을 터뜨린다, 불끈거린다, 북받쳐 오른다, 소리를 크게 지른다, 독기를 품는다.

분노에 대한 태도

일상생활에서 접하는 역설 가운데 분노에 대한 태도만큼 놀라운 것도 없다. 분노를 표현하는 어휘가 참으로 풍부한데도 우리는 분노를 억누르기 위해 그토록 많은 노력을 한다. 그렇게 끈질기게 부당한 대우를 받다 보니, 자연스럽기 그지없는 분노라는 감정이 마치 비정상적인 감정처럼 되어 버렸다. 많은 부모는 분노를 비도덕적으로 여긴다. 갓난아기 때부터 부모들은 아이들이 분노를 드러내면, 죄책감을 느끼게 만든다. 그 결과 아이들은 화를 내는 것은 나쁘다는 확신을 품고 성장한다.

아이가 화를 낼 때, 부모는 무슨 말을 하는가? 어떤 어머니들 모임에서 이 문제를 놓고 토론을 벌였다. 어머니들은 어린 시절을 회상하면서, 자기들이 난폭한 감정을 표현했을 때, 즉 성을 내고, 분노하고, 미움을 드러낼 때, 부모들이 어떤 반응을 보였는가에 대해서 이야기를 나누었다.

A 부인 우리 아버지는 무조건 나에게 화를 내지 못하게 했어요. 아직도 아버지가 말하는 소리가 귀에 들려요. "누가 엄마에게 그렇게 화를 내라고 했니? 넌 네가 누구라고 생각하니?"

B 부인 우리 아버지는 멋진 분이었어요. 내가 화를 낼 때마다, 아버지는 내가 정말로 화가 나서 그런 것이 아니라고 설명해 주었어요. "피곤해서 짜증이 나는 거야. 그 때문에 네 동생에게 퉁명스럽게 구는 거고. 좀 쉬고 나면 기분이 좋아질 거다."

C 부인   우리 어머니는 나에게 두 가지 얼굴이 있다고 했어요. 하나는 천사이고, 다른 하나는 악마라고 했어요. 내가 화를 내면, 어머니는 "네 안에서 악마가 기승을 부리나 보다"라고 말했어요.

D 부인   내 입에서 상소리가 나오면, 어머니는 "착한 아이는 그렇게 말하는 게 아니야. 그런 마음이 생기거든 억누를 줄도 알아야 해."라고 말하곤 했어요. 그럴 때마다 나는 기분이 더 나빠졌어요.

E 부인   우리 어머니는 우리가 화를 낼 기미를 보이기만 하면 억누르려고 했어요. 거친 말투를 주고받으며 볼썽사납게 싸우는 것도 싫어했어요. 지금도 기억이 나는데, 내가 여동생을 미워한다는 말을 한 적이 있어요. 어머니는 거의 졸도 직전까지 갔어요. 다시는 그런 말을 해서는 안 된다고 주의를 주었어요. "네가 부탁해서 낳은 동생이야. 이제 동생이 생겼으니까, 항상 예뻐해라."라고 했어요. 그 뒤 지금까지도 난 여동생을 미워하고 있어요.

F 부인   화를 내면, 아버지는 '진정, 진정, 진정' 하면서 날 놀렸어요. 그 때문에 난 더욱더 화가 났어요. 그러면 아버지는 나에게 벌을 주었어요. 비참한 마음으로, 반항하는 심정으로, 모두 다 죽어 버렸으면 좋겠다는 생각을 하면서 몇 시간을 내 방에 갇혀 있어야 했어요.

어머니들의 회상을 들어 보면 마음이 아프다. 의도는 좋았지만, 안타까운 결과로 끝났기 때문이다. 어머니들 이야기에는 교훈이 담겨 있다. 묵은 감정이라고 해서 잊히지는 않는다는 것이다. 좋든 나쁘든 그것들은 계속해서 삶에 영향을 끼친다. 이유를 따지거나 설명하거나 부인하거나 위협하거나 설교하면서 분노라는 감정에 대응하는 것은 쓸데없는 짓이다. 분노는 내쫓는다고 해서 사라지지 않는다. 격한 감정은, 거센 물살을 이루며 흐르는 강물처럼, 이유를 따지거나 토론을 벌인다고 해서 사라지지 않는다. 우리는 격한 감정의 힘을 인정하고 존중하면서 격렬함이 누그러지도록 해야 한다. 그렇지 않으면 재앙이 일어날 수도 있다.

분노는 자연스러운 현상이다

우리 자신의 분노를 극복하기 위해서는 분노가 자연스러운 현상이라는 사실을 솔직하고 관대하게 인정하고 받아들여야 한다. 5,000만 명이나 되는 미국의 부모들 모두가 아이들에게 화를 내는데, 그렇다고 그들이 모두 다 나쁜 사람은 아니다. 분노에는 목적이 있다. 분노는 관심이 있다는 것을 드러내 주는 지표이다. 어떤 순간에는 화내는 게 당연한데, 화를 내지 못한다면, 이는 사랑하는 것이 아니라 관심이 없다는 증거이다. 누구를 사랑하는 사람은 화를 내지 않을 도리가 없다. 그렇다고 아이가 부모의 격렬한 분노와 지나친 폭력을 너끈히 견딜 수 있다는 말은 아니다. 오히려 부모가 "그만 됐다. 나도 참는 데는 한계가 있어."라는 식으로 분노를 표현하는 것이 아이에게 도움이 된다.

가장 좋은 방법은 십 대 아이들에게 지나친 참을성을 보이지 않는 것이다. 내심으로는 화가 치밀어 오르는 것을 느끼면서도, 겉으로 계속 기분 좋은 표정을 짓는 것은 위선이지, 호의가 아니다. 분노를 숨기려고 안간힘을 쓰는 대신, 효과적으로 드러내는 방법이 있다.

어떤 아버지는 이렇게 말한다.

"난 화를 내지 않으려고 애를 씁니다. 속으로는 부들부들 떨지만, 자제를 하지요. 내 성질을 잘 알기 때문에 두려운 겁니다. 성질대로 하면 내 아들에게 상처를 줄 수도 있으니까요."

그렇게 자제를 한다고 해도 오래가지는 못한다. 깊이 들이마신 숨처럼, 화도 무한정 억누르고 있을 수만은 없다. 조만간 폭발하게 되어 있다. 분노가 폭발할 때는 일시적이지만 제정신을 잃고, 위험한 사람이 된다. 공격하고 모욕을 준다. 사랑하는 사람들에게, 낯선 사람이라면 망설였을 그런 말을 퍼붓고 그런 행동을 보인다. 한바탕 회오리가 휩쓸고 지나가면, 우리는 죄의식을 느끼며 다시는 화를 내지 않겠다고 다짐한다. 하지만 금방 분노가 다시 몰아닥친다. 다시 한번 우리는 인생과 사랑을 다 바쳐 행복하게 해 주려고 했던 사람들을 향해 폭언을 퍼붓는다.

화를 내는 방법

분노를 덮어놓고 억누르기보다는 생산적인 방법으로 표현하는 것이 바람직하다. 이런 방식으로 화를 표현하면 부모의 마음도 어느 정도 풀리고, 아이의 마음도 들여다볼 수 있으며, 어느 쪽에도 후유증을 남기지 않을 수 있다. 분노를 표출할 때는, 분노와 앙갚음이라는 적대적인 물결이 일지 않도록 의식적으로 노력해야 한다. 우리는 분노를 통해 아이에게 우리 의사를 전달한 다음에는 폭풍이 가라앉기를 바란다.

정신적으로 압박을 느끼는 순간을 해결하려면 다음 몇 가지 사실을 인정해야 한다.

1. 십 대 아이들이 부모를 기분 나쁘게 하고, 노엽게 하고, 짜증 나게 하고, 화나게 하고, 격분케 하는 것은 자연스러운 현상이라는 사실을 인정하자.
2. 부모에게도 죄책감을 느끼거나 후회하거나 부끄러워하지 않으면서 분노의 감정을 표현할 권리가 있다.
3. 부모에게도 일정한 한도 안에서 감정을 표현할 권리가 있다. 하지만 아무리 화가 나더라도 십 대의 개성과 인격을 모욕하는 표현은 쓰지 말아야 한다.

열다섯 살인 게리가 포크로 접시를 딸그락거리기 시작하자, 어머니는 이렇게 말했다.

"난 그런 소릴 들으면 정말 끔찍하더라."

게리는 몇 번 더 딸그락거리는 소리를 내다가 그만두었다. 이런 방법이 효과적인 이유는, 어머니가 뭘 하라는 지시를 내리지 않았기 때문이다. 어머니는 불편한 자기 기분을 이야기하면서, 아들이 거기에 따르는 것을 당연하게 여기고 있었다. 이런 상황에서 부모들이 흔히 대응하는 방법과 이 방법을 비교해 보자.

"뭐 하는 거냐? 그것밖에 할 일이 없니? 좀 얌전하게 앉아 있을 수 없어? 꼭 그렇게 날 골치 아프게 해야 직성이 풀리겠니? 당장 그만둬, 제-에-바-알!"

덧붙일 말이 있다. 아이는 하던 짓을 당장 멈출 수가 없다. 버릇없는 행동일망정, 아이에게는 조금 더 계속해야 할 이유가 있다. 아이가 자발적으로 그만둘 때까지는 어느 정도 시간이 걸린다. 다음에 이야기하는 사건이 이 점을 잘 설명해 준다.

열네 살 난 기드온은 일요일 아침 이른 시간에 집 근처에서 농구를 하고 있었다. 공을 튀기는 소리에 기드온의 아버지는 잠에서 깼다. 아버지는 말했다.

"오늘은 10시까지 자고 싶었는데. 공 소리에 잠을 깼어."

미안하다고 사과한 기드온은 농구공을 두어 번 더 튀겨 본 다음에 다른 곳으로 갔다. 아버지는 기드온이 농구공을 몇 번 더 튀긴 것은 자기 체면을 살리려는 행동임을 이해했다. 타인의 명령이 아니라, 자기 의지로 농구를 그만두었다는 사실을 스스로에게 과시하는 것이다.

십 대 아이가 부모를 노엽게 하는 행동을 계속할 때는 어떻게 해야 하는가? 간단한 말로 타이르며 언짢은 표정을 짓는데도 아이의 행동에 변화가 없을 때는, 더 크고 더 거센 소리로 부모의 감정을 표현한다.

"기분 나빠."

"정말 기분 나빠."

"날 화나게 하고 있어."

"날 정말 화나게 하고 있어."

이런 표현은 그야말로 즉석에서 긴장을 누그러뜨리고 어느 정도 마음을 가라앉히기 위해서다. 그리고 동시에 아이에게 부모의 관용이 한계에 다다랐다는 사실을 경고하는 목적으로 쓰이기도 한다. 대개 부모가 분노의 감정을 단순하게 표현하는 것만으로도 아이에게 효과가 있다.

갑작스러운 분노

인내의 한계를 넘어서는 지경까지 사건이 확대될 때는 어떻게 해야 하는가? 화가 치밀 대로 치밀고 감정이 격해져서, 사납게 덤벼들고 싶은 마음이 치솟을 때는 어떻게 해야 하는가? 이렇게 하는 것이 좋다.

- 보고 있는 것을 사실대로 이야기해 준다.
- 느낌을 있는 그대로 이야기해 준다.
- 무엇을 해야 하는가를 이야기해 준다.
- 사람을 공격하지 말아야 한다.

열다섯 살 난 롤랜드가 목욕을 했다. 나중에 어머니가 보니 깨끗한 수건 여러 장이 물기가 축축한 바닥에 아무렇게나 널려 있었다. 잔뜩 화가 난 어머니는 분노를 터뜨렸다.

"깨끗한 수건들이 축축한 바닥에 떨어져 있는 것을 보면 화가 나서 미치겠어. 참을 수가 없어. 수건을 바닥에 떨어뜨려 두면 어떡하니? 수건걸이에 걸어야지."

그렇게 표현을 하고 나니, 어머니는 기분이 훨씬 좋아졌다.

말하고 싶은 요점을 큰 소리로 명확하게 드러냈기 때문이다. 아들에게 모욕을 주지도 않았으며, 개성과 인격을 공격하지도 않았다. 다음과 같이 말하지 않았다.

"도대체 넌 왜 그렇게 칠칠맞지 못하니? 집에서 어떻게 하고 지내는지 네 여자 친구가 봐야 하는데. 저 지저분하고 덤벙대는 꼬락서니를."

이런 경우에, 한바탕 소란이 잠잠해졌다고 해서 다 끝난 건 아니다. 어머니에게는 과제가 남아 있다. 창피하긴 하지만, "미안하구나. 칠칠맞지 못하다고 해서. 하지만 정말 그런 뜻으로 한 말은 아니야." 하며 아들에게 사과하고 설명해야 할 일이 남아 있는 것이다.

"분통 터지게 하네!"
열여섯 살인 진저는 자주 저녁 식사 시간에 늦었다. 이번에는 스테이크를 접시에 담아 놓았는데도, 진저는 아직 자기 방에 있었다. 화가 난 어머니는 노골적으로 분노를 표현했다.

"저녁 먹으라고 불러도 대답이 없을 때는 정말 분통이 터지더라. 화가 나서 미칠 것 같고, 속이 부글부글 끓어. 엄마 혼자 중얼거리고 있어. 스테이크를 맛있게 요리해 놓았는데, 칭찬을 받기는커녕 울화병이 생긴다고."

진저는 서둘러 내려왔다. 어머니의 화도 가라앉았다. 가족들은 저녁을 먹으며 편안하게 이야기를 나누었다. 마음이 불편한 사람은 아무도 없었다. 모두 맛있게 스테이크를 먹었다.

"얼마나 난처한지 모르겠다."

열일곱 살 난 그레그는 치과 진료 시간을 예약해 달라고 어머니에게 부탁해 놓고는 약속을 지키지 않았다. 이 사실을 안 어머니는 불같이 화를 냈다. 어머니는 이렇게 말했다.

"나 화났어. 대신 약속해 달라고 해 놓고는 지키지도 못하고 취소를 했으니, 엄마가 얼마나 난처한지 몰라."

그레그는 어머니에게 사과했다. 약속을 까먹은 것을 정말 미안하게 생각하고 있었다. 그레그는 자신이 직접 치과 의사에게 전화해서 다시 약속 시간을 정했다. 그것으로 사건은 마무리되었다. 어머니는 마음이 풀리는 것을 느꼈다. 그레그는 후회하고 있었다. 누구도 모욕을 당하거나 참담한 지경을 겪지 않았다. 어머니와 아들 사이에 대화는 단절되지 않았다.

"그 때문에 기분이 나빠."

열네 살 난 조지는 거실에서 친구들과 즐겁게 놀았다. 아이들은 청소도 하지 않고 나갔다. 조지가 돌아오자, 어머니는 말했다.

"카드와 음료수병, 과자 부스러기가 거실 바닥에 널려 있는 것을 보니 기분이 나쁘더라. 정말 화도 나고. 놀았으면 방을 청소해야지."

조지는 "응. 마음 풀어, 엄마. 무슨 말인지 알았어."라고 말한 후, 어질러진 방을 청소하기 시작했다.

"빈정대는 너희들 태도에 질렸어."

열세 살 난 사무엘은 듣기 거북한 말을 해 대며 누나와 싸우고 있었다. 어머니가 방으로 들어와서 이렇게 말했다.

"너희들끼리 그렇게 끊임없이 서로 대들고 빈정거리는 데 엄마는 질렸어."

사무엘과 누나는 서로를 바라보더니 와락 웃음을 터뜨렸다. 싸움도 끝났다.

"우리 정말 화났어. 십년감수했어."

열다섯 살 조세핀은 학교 댄스파티를 마치고 밤 12시 이전에 집에 오겠다고 약속했다. 그런데 새벽 2시에 집에 도착했다. 조세핀의 부모는 노발대발했다. 화가 나면서도, 걱정했고 또 실망했다는 뜻을 분명하게 표현했다. 하지만 조세핀의 부모는 조세핀을 헐뜯거나 험담을 퍼붓지는 않았다. 성격을 공격하거나 인격을 모욕하지 않았던 것이다. 그들이 조세핀에게 한 말 가운데 몇 가지를 예로 들어 보자.

"약속한 시간에 네가 오지 않아서 어찌나 걱정되는지, 죽는 줄 알았어."
"우리가 속으로 무슨 생각을 했는지 넌 상상도 못 할 거야."
"어찌나 화가 나는지, 머리가 어질어질할 정도야. 자정까지 집에 온다고 약속했기 때문에, 12시에 널 기다렸어. 우릴 그렇게 내버려둔 것은 온당치 못한 행동이야. 늦을 것 같으면 전화를 해야지."
"지금 기분이 착잡해. 네가 무사히 돌아와서 마음이 놓이긴 하지만. 어쩜 그렇게 늦게 올 수가 있니. 정말 화가 나."

아이들의 이성 교제에 대해서는 9장에서 이야기하겠다.

모욕을 주지 않고 화내기

모욕을 주지 않고 분노를 드러내는 건 쉽지 않다. 그것은 인간 본연의 성향이나 몸에 배어 있는 습관을 거슬러야 하는 일이다. 그래서 사랑하는 사람에게 상처를 주지 않고 분노를 터뜨릴 수 있는 새로운 언어를 배우는 것이 바람직하다. 새로운 언어를 터득한 부모들은 더 큰 자제력을 발휘할 수 있다. 그런 부모들은 분노를 효과적이고 유용하게 표현할 수 있다는 자신감이 있다. 다음 실제 사례들은 화가 난 부모가 분노를 생산적으로 표현하는 모습을 보여 준다.

"백화점에서는 허락 없이
물건값을 계산해 주지는 않을 텐데."

이 사건은 어떤 어머니가 화가 나서 십 대 딸아이와 충돌하고 나서 이야기한 내용이다.

"모욕을 주지 않고 화를 내라는 말만큼 유용한 지적도 없어요. 그게 성숙한 어른으로서 내가 해야 할 역할 같아요. 그렇게 하면 시간도 절약되고, 침착함도 유지할 수 있어요. 나는 한가하게 마음에 상처를 주는 비난에나 몰두하면서 시간을 보내서는 절대 안 된다는 생각에 이르렀어요. 아이의 상처를 치유하기까지는 너무 많은 시간이 걸리고, 부모의 자책감을 씻어 내는 데 너무나 많은 에너지가 소모되기 때문이에요. 어려운 상황을 처리할 때는 마음속으로 방향을 설정해요.

무엇이 핵심 의도인가? 솔직하게 이야기하자, 아이가 해야 할 일을 명확하게 이야기하자, 논점을 혼돈하지 말자. 여기 한 예가 있어요. 난 주말에 외출했다가 일요일 저녁에 돌아왔어요. 열다섯 살 난 딸 글로리아가 나에게 달려오더니, '엄마! 잠깐만 기다려. 내가 산 옷을 보여 줄 테니까. 진짜 멋있는 옷이야. 옷값은 엄마 백화점 카드로 냈어.' 하더군요. 정신이 번쩍 들었어요. '너 참 넉살도 좋구나.' '어디서 그런 뻔뻔함을 배운 거니?' '넌 도대체 어떻게 된 애니?' 마음속에서는 이런 말이 부글거리고 있었지만, 나는 '백화점에서는 부모 허락 없이 물건값을 계산해 주지는 않을 텐데'라고 했어요."

글로리아 (움츠러들며) 하지만 훔친 건 아니잖아. 엄마, 왜 그렇게 화를 내?

어머니 (핵심 의도에 초점을 맞추며) 백화점에서는 허락 없이 물건값을 계산해 주지 않아!

"나는 침실로 들어가서 문을 잠갔어요. 딸아이가 방금 내게 보여 주면서 입으려고 했던 그 어두운 보라색 옷을 입지 말라고 어떻게 말을 해야 좋을지 생각하려면 시간이 필요했거든요. 짙은 보라색 벨벳 허리띠가 달린 짧은 주름치마였는데, 정말 보기가 흉했어요. 꼭 가장무도회 의상 같았어요. 딸아이는 그걸 학교에 입고 가려고 했어요. 글로리아가 문을 두드리며 말했어요.

'엄마, 문 좀 열어 줘! 기다려, 내가 옷을 입어 볼게. 나한테 딱 맞아. 여성스럽고 낭만적이야.'

나는 문을 열어 주었어요. '그 색깔'만 봐도 속이 뒤집히더군요. 피곤하기도 하고, 짜증도 났어요. 하지만 글로리아가 토요일부터 날 기다렸다는 걸 생각하면 뒤로 미룰 수도 없는 노릇이었어요. 난 다시 한번 더 아이에게 상처 주지 않고 스스로 바뀔 수 있는 대화의 기술에 의지해 보기로 했어요. 당장 급한 일은 글로리아의 옷 고르는 취향에 대해서는 언급하지 않고 옷을 돌려주는 것이었어요.

'네가 왜 그렇게 그 옷에 홀딱 반했는지 알겠어. 하지만 그 옷은 학교 다니면서 입기에는 적당하지 않아. 또 너무 비싸.'

그러자 글로리아는 '하지만 색깔은 멋있지 않아?' 하고 물었어요. 마치 과거의 악습이 스멀스멀 밀려오는 듯한 기분이 들었지만, 다시 한번 꾹 참고 정직하게 이야기하기로 했어요.

'그런 색깔을 좋아하는 사람들이 있기는 있어. 하지만 내가 좋아하는 색깔은 아니야.'

'왜? 엄마 그 색깔 좋아하잖아.'

나는 그림을 그릴 때는 그 색을 즐겨 쓰지만 옷 색깔로는 좋아하지 않는다고 대답했어요.

그러자 글로리아는 철학적인 논쟁을 벌이려고 했어요. 하지만 문제의 핵심에서 벗어나지는 않았어요.

'네가 그 옷을 얼마나 좋아하는지 알아. 너로서는 돌려주기가 쉽지 않을 거야. 내일 오후까지 돌려줄 수 있겠니?'

글로리아는 느릿느릿한 말투로 '아니, 오늘 저녁에 돌려줄게'라고 말하더니, 잘 자라고 인사한 뒤 서둘러 방을 나갔어요."

"그 소리 정말 듣기 싫더라."

다음 일화는 열여섯 살 난 딸을 둔 어머니가 한 이야기다.

"내 딸은 걸핏하면 '나를 놀리곤' 했어요. 농담하듯 화를 돋우는 이야기를 하는 거예요. 딸아이가 또 그런 소리를 하기에, 그런 소리 들을 땐 정말 기분 나쁘다고 말해 주었어요. 그랬더니 딸아이는 다음에 또 그런 식으로 몇 마디 하다가는, '잊고 있었어. 엄마가 그런 소리 싫어한다는 것을.' 하고 말하더군요."

"우리 집에서는 보복하고 앙갚음하는 일은 허용할 수 없어."
열다섯 살 난 로이는 동생이 자기에게 모욕을 주자 그 앙갚음으로 동생의 침대 시트를 잡아 뺐다. 그러자 아버지가 개입해 단호하게 말했다.

"우리 집에서는 보복하고 앙갚음하는 짓을 하면 안 돼. 아빤 그런 행동을 용서할 수 없어."

두 녀석은 믿지 못하겠다는 표정으로 아버지를 바라보았다. 자칫하면 끝없는 말싸움으로 번졌을지도 모를 사건은 이렇게 해서 끝나고 말았다.

분노의 편지

어떤 부모들은 분노를 글로 나타내는 것이 바람직하다고 생각한다.

다음 편지는 분노와 기대를 효과적으로 전달한 한 예이다.

셀마에게

네게 할 말이 있는데, 말로 하면 화가 나서 내 의사를 제대로 전달하지 못할 것 같아서 편지를 쓰는 거야.

굳이 일어나지 않아도 되는데 아침에 잠에서 깨면 엄마는 싫더라. 오늘 아침에는 늦잠을 잘 생각이었어.

이번 주에는 오늘 아침밖에 기회가 없었거든. 우리가 챙겨 주지 않아도 너희들이 스스로 학교에 잘 다녔기 때문에 엄마는 늘 자부심을 느꼈어. 그런데 오늘 아침에 네가 한 행동을 보았을 때는 그런 자부심이 싹 달아났어.

또 한 가지 더 부탁하는데, 네 방 문을 항상 닫고 다니도록 해. 네 방 안을 둘러보면 기분이 좋지 않아. 특히 타자기가 아무렇게나 위험하게 놓여 있는 것을 볼 때마다 얼마나 가슴이 떨리는지 몰라. 타자기는 섬세한 기계라 잘 보살펴야 해. 지난밤에 보았듯이, 타자기는 떨어지면 깨져. 옷가지들도 신경 써서 관리해야 해. 누더기처럼 구겨져 있으면 보기 흉하니까. 답장 주렴. 사랑한다.

— 엄마가

변화 과정

습관적으로 분노를 터뜨리는 버릇을 바꾸는 건 쉬운 일이 아니다. 새로운 방법을 익히기도 쉽지 않다. 그러자면 노력과 수고와 결단이 필요하다. 다음은 어떤 어머니가 겪은 변화 과정을 기술한 것이다.

1 아이에게 모욕을 준다. 그 생각을 하면 괴롭다.

2 다시 한번 아이의 마음에 상처를 주는 말을 하고 있는 소리가 들린다. 입에서 그런 표현들이 흘러나오는 소리를 속수무책으로 듣고 있다.

3 아이에게 모욕적인 말을 하려고 한다는 것을 알면서도 자신을 제지할 수가 없다. 정말로 자신에 대해 분노를 느낀다. 다시는 그러지 않겠다고 굳게 다짐한다.

4 다시 한번 분통 터지는 일이 벌어진다. 과거 방식으로 사태를 해결하기는 싫다. 그렇다고 새로운 방법을 아는 것도 아니다. 입에서는 뜻 모를 모호한 말이 흘러나온다.

5 자신에 대해서 분노한다. 동시에 상황을 다시 점검하며, 중얼거린다. "이렇게 말했어야 하는 건데…." 여러 번 상황을 확인한다.

6 위기가 찾아와 주기를 간절히 바란다. 그래야 새로운 방식을 쓸 수 있기 때문이다. 이미 충분한 기회가 있었다. 이번에는 준비가 되어 있다. 새로운 표현을 쓰긴 했지만, 어조는 적절했다. 사람들은 모두 놀랐다. 하지만 아직 방법을 완전하게 습득하지는 못했다.

7 갖가지 뉘앙스를 가진 분노를, 모욕을 주거나 공격하지 않고도 확신과 권위를 담아 표현하기 시작한다. 새로운 접근 방식이 몸에 익고 있다. 그것을 마치 음악가처럼 연주한다.

8 기쁘다. 아이들이 내 행동과 말에 대해서 깊이 생각하고 있다.

9 안타깝지만 나도 인간이다. 실수를 저지른다. 항상 새로운 방법을 시도할 수 있는 여유도 없다. 아무리 노련하고 의도가 좋다고 해도, 여전히 그 어떤 방법도 통하지 않는, 막막

하고 맥이 풀어지는 고통스러운 순간은 있기 마련이다.

10   다시 기운을 되찾는다. 실험을 계속하며 배운다. 자신에게 말한다. "완벽한 방법이란 없어. 하지만 내가 터득한 방법이 제일 나아."

7

칭찬: 새로운 접근

대부분의 어른은 정직한 칭찬이면 모두 어린이에게 보탬이 될 것이라고 믿는다. 부모와 교사는 칭찬의 효능을 무조건 보증한다. 그들은 칭찬이 신뢰를 쌓고, 안정감을 주고, 솔선수범을 자극하고, 학습 동기를 부여하고, 선의를 북돋워 주고, 인간관계를 개선해 준다고 믿는다.

칭찬으로 그렇게 될 수 있다면, 왜 아직까지도 안정을 얻지 못한 어린이들, 자극받지 못한 학생들, 동기가 없어 목표에 도달하지 못한 아이들, 도전 의식 없는 낙제생들, 고의적인 비행소년들이 그렇게 많은가? 분명히 말하지만, 칭찬만으로 모든 일이 해결되지는 않는다. 칭찬이 효과를 발휘하지 못하는 경우도 매우 많다.

칭찬에 대한 반응

칭찬은 아첨이 아니다. 아첨은 진지하지 못할 뿐만 아니라, 정략적이기도 하다. 칭찬은 한 개인에 대한 진지하고 긍정적인 평가이지, 행동이 아니다. 진지하게 칭찬을 했는데도, 어떤 때는 예상과는 정반대의 결과를 불러오는 때도 있다. 불쾌감, 걱정, 자책감 그리고 비행을 초래한다. 십 대는 다음과 같은 칭찬에 어떤 반응을 보이는가?

"넌 정말 머리가 좋아."
"넌 굉장한 일을 해낸 거야."
"넌 위대한 음악가야."

이런 칭찬을 받으면 아이들은 기뻐하지 않는다. 일반적으로는 기분 나빠하며 칭찬받는 것을 거부한다.

"꼭 그렇게 말한다니까."
"난 정말 그런 애가 아니야."
"난 그렇게 잘했다고 생각하지 않아."
"최선을 다하기는 했어."
"난 정말 그런 인정을 받을 만한 자격이 없어."
"운이 좋았어. 아니, 행운 그 이상의 것이 있었어."
"아첨해 봐야 소용없어."

위의 반응들을 살펴보면 확신이나 즐거움이 느껴지지 않는다. 오히려 움츠러드는 인상을 준다. 칭찬이 마치 삼키기 힘든 쓴 알약이라도 되는 듯이 말이다. 여자아이에게 예쁘다고 하면, 얼굴이 붉어진다. 남자아이에게 착하다고 하면, 그렇지 않다고 대답한다. 십 대 아이가 세운 계획을 칭찬해 주면, 아이는 서둘러 그 계획의 단점을 지적한다.

간단히 말하면, 이런 식의 칭찬은 불편한 감정을 불러일으킨다. 분명히 말하지만, 칭찬을 받았을 때 적절하게 반응하는 게 쉬운 일은 아니다. 칭찬에 대응하려면 노력과 에너지가 필요하다.

십 대는 칭찬에 왜 수동적으로 반응할까? 칭찬이 사람을 평가하는 행위이기 때문이다. 평가는 사람을 불편하게 한다. 평가하는 사람은 재판관이고, 재판받는 사람은 불안하기 마련이다.

칭찬과 죄책감

에드나의 어머니는 중병으로 병원에 누워 있었다. 열두 살 난 에드나는 어머니가 하루빨리 낫기를 기원하며 엽서를 만들었다. 엽서에는 아스피린 한 알, 동전 하나, 장미 잎사귀 하나를 테이프로 예쁘게 붙여 놓았다. 엽서에 이런 글도 적었다.

"건강을 빌어요. 돈 많이 버세요. 행복을 빌어요."

어머니는 딸아이의 사려 깊은 마음에 감동했다.

"넌 정말 속이 깊은 아이야. 늘 그렇게 생각이 깊었어. 정말 착한 아이야."

에드나는 얼굴이 창백해지더니, 목욕탕으로 뛰어 들어가서 큰 소리로 울며 토하기 시작했다. 어머니는 칭찬과 정신·신체적인 반응 사이에 어떤 관계가 있다는 걸 눈치챘다. 몇 주일 뒤에 어머니는 정신과 의사에게 그 사건을 이야기했다. 왜 진지한 칭찬이 딸아이의 마음을 아프게 했는지 알고 싶어서였다. 의사는 "어쩌면 칭찬 때문이 아니라, 병원을 찾느라 흥분한 상태에서 날씨까지 더워서 그랬을 거예요" 하며 자기 나름의 견해를 말했다.

에드나의 어머니는 대답했다.

"아, 아니에요. 그렇지 않아요. 에어컨이 켜져 있었고, 내가 칭찬하기 전까지 에드나는 기분이 매우 좋은 상태였어요."

에드나는 어머니의 칭찬을 소화할 수가 없었다. 왜? 아이들은 화가 났을 때, 부모에게 온갖 나쁜 일이 일어나기를 바란다. 에드나도 그랬다. 이를테면 어두운 밤에 자동차 타이어가 터지고, 발목을 삐고, 후두염으로 병원에 오래 누워 있고, 적도 지방으로 여행을 가서 갑자기 죽었으면 하고 바란 적이 있었다.

어머니에게 병이 나자, 에드나는 죄책감을 느꼈다. 자기가 바랐던 일이 현실로 드러날까 봐 두려웠다. 에드나는 쾌유를 비는 엽서를 만들어 명예를 회복하고 싶었다. 건강을 빈다는 말은 어머니가 병에 걸리기를 바랐던 것에 대한 속죄의 메시지였다. 그런데 어머니가 극진하게 칭찬을 하자, 오히려 더 큰 죄책감을 느끼지 않을 수 없었다. 에드나는 마음속으로, "화가 났을 때 내가 마음속에 어떤 생각을 품었는지 엄마가 알면 어떡하지?" 하는 것만 생각했을 것이다. 그렇다면 엽서를 받았을 때, 어머니가 무슨 말을 했으면 좋았을까? 아이가 아니라, 엽서를 칭찬해 주었으면 좋았을 것이다. 예를 들어 보자.

"정말 고마워. 엽서가 마음에 드는데. 참 예쁘고 재치가 있어. '건강을 빌어요. 돈 많이 버세요. 행복을 빌어요.' 멋진 말이야. 벌써 병이 나은 것 같아."

이렇게 말했더라면 에드나도 매우 기뻐했을 것이다.

칭찬과 동기

열세 살 난 에밀리는 시를 한 편 썼다.

교사 넌 정말 훌륭한 시인이야, 에밀리.
에밀리 나도 그랬으면 좋겠어요. 하지만 내가 그렇지 않다는 걸 나도 알아요.
교사 왜 그런 말을 하니? 넌 위대한 시인이야.
에밀리 에밀리 디킨슨 같은 시인은 아니에요. 절대 그렇게 될 리도 없어요.

교사　그래. 하지만 네 나이에 비해서는 좋은 시인이야.

에밀리　불행한 일이에요.

교사는 자기로서는 정직하게 칭찬을 했는데, 왜 에밀리가 그토록 칭찬을 거절하면서 비관적으로 생각하는지 이해가 되지 않았다. 나이 어린 여자아이로서 위대한 시인이라는 말을 듣는 것은 놀라운 일이다. 그런데 그 말을 듣는 순간 아이는 모든 위대한 시인들, 즉 생존하거나 이미 세상을 떠난 모든 위대한 시인들과 경쟁을 벌여야 하는 처지가 된다. 아이는 재빨리 결론을 내리려 들 것이다.

"롱펠로나 프로스트, 바이런이나 셸리 또는 키츠와 같은 서정시는 절대 쓸 수 없을 거야. 브라우닝의 '포르투갈인이 보낸 소네트'나, 휘트먼의 '풀잎' 같은 시도 결코 쓰지 못할 거야."라고 말이다.

에밀리의 교사에게 충고해 주고 싶은 말은, 시를 칭찬할 일이지, 시를 쓴 아이를 칭찬하지는 말라는 것이다.

열세 살인 엘리엇은 봄에 관한 상쾌한 시를 한 편 썼다. 엘리엇의 교사는 이렇게 말했다.

"엘리엇, 시가 마음에 들어. '봄날 아침, 기쁨이 가슴속에서 깔깔거린다'는 구절을 읽으면 내 가슴속에서 기쁨이 깔깔거리는 느낌이 들어."

엘리엇은 기뻤다. 환하게 웃었다. 그는 미래의 소망을 이야기하면서, 만족스럽고 고무된 마음으로 자리를 떴다. 교사는 엘리엇을 위대하다느니, 굉장하다느니 같은 말로 칭찬하지 않았다. 다만 엘리엇 스스로 그렇게 느끼도록 했다. 그녀는 엘리엇을 칭찬하는 대신 시를 정당하게 평가해 주었다. 시의 구절을 인용하여, 그것이 자기에게 어떤 영향을 주었는지 말해 주었다. 그 때문에 시에 대한 교사의 평가도 신뢰성을 얻게 되었다.

교사의 평가에는 충분한 설득력이 있었다. 그녀는 "나를 기뻐서 깔깔대게 만든 사람은, 프로스트도, 바이런도, 또 다른 어느 시인도 아닌, 바로 너였어."라고 말한 것이다. 엘리엇은 이렇게 생각했을 것이다.

"나도 시를 써서 사람들을 행복하거나 슬프게, 아니면 갈망하게 만들 수 있어."

이 정도면 계속 시를 쓸 수 있는 동기로 충분하다.

생산적인 칭찬과 파괴적인 칭찬
칭찬도 비판처럼 파괴적일 수 있다.

"넌 항상 참 착하게 굴더라."
"넌 늘 마음이 무척 너그러워."
"넌 항상 매우 정직해."

이런 칭찬은 아이를 불안하게 한다. 그런 칭찬을 받은 아이에게는 맞추기 힘든 기준에 맞춰 살아야 한다는 의무감이 생긴다. 항상 착하고 너그럽고 사려 깊을 수 있는 사람은 없다. 그건 비인간적인 것이다.

열여덟 살인 어느 대학 지망생은 입학원서에 "당신의 장점을 열거하라"는 항목에 자신의 장점을 다음과 같이 썼다.

"나는 종종 조심성이 있고, 용감하고, 슬기롭고, 부지런하고, 유능하고, 정답고, 상냥하고, 남을 도울 줄 알고, 친절하고, 성실하고, 능수능란하고, 깔끔하고, 고분고분하고, 공손하고, 재치가 있고, 진지하고, 믿음직스럽고, 유익하고, 방심하지 않고, 건전하고, 열정적이다."

입학원서에는 약점을 열거하라는 항목도 있었다. 그 학생은 다음과 같이 썼다.

"위에 열거한 내용하고는 전혀 다른 사람이 될 때가 종종 있다."

성격과 인격을 평가하는 칭찬은 사람을 불쾌하고 불안하게 한다. 노력과 성취, 느낌에 대해서 언급하는 칭찬이 유익하고 안전한 칭찬이다.

열여섯 살 난 에릭은 마당을 쓸었다. 그건 어른이 할 일이었다. 잔디를 깎고, 낙엽을 긁어모으고, 나무에 소독약을 뿌렸다. 그것을 보고 깊은 인상을 받은 아버지는 효과적인 방법으로 에릭을 칭찬해 주었다. 그는 마당을 죽 훑어보고 나서 그 모습을 말로 기술해 주었다.

아버지   마당이 꼭 넓고 멋있는 정원 같구나.
에릭   정말 그렇게 보여?
아버지   마당을 보고 있으니까 기분 좋은데.
에릭   그 말 들으니까 기분 좋은데.

아버지　잘했다. 하루 동안에 마당을 다 청소하다니, 고맙다.
에릭　이 정도는 언제든지 할 수 있어, 아빠.

아버지는 에릭의 성격을 칭찬하지 않았다. 아들의 인격을 평가하지도 않았다. 실제로 아버지는 아들을 한 인간으로서 평가하는 말은 한마디도 하지 않았다. 오로지 마당의 모습을 설명하고, 기분 좋은 감정만 표현했을 뿐이다. 에릭 자신도 그 두 가지를 종합하여 결론을 내렸다.

"내가 좋은 일을 해서, 아빠도 기뻐하는 거야."

그에게는 앞으로도 마당을 청소하고 싶은 충분한 동기가 생겼다고 할 수 있다.

모욕적인 칭찬

토드는 이렇게 말한다.

"우리 아빠는 능청스러워요. 날 심리적으로 대해요. 나무랄 때마다 먼저 날 치켜세워요. 심리학이라는 샌드위치를 내게 건네는 거예요. 칭찬 두 마디 사이에 꾸중을 끼워 넣는 식이에요. 이를테면 이래요.

'전 과목을 모두 다 잘했더구나. 그런데 스페인어는 낙제했어. 그건 변명의 여지가 없어. 나도 용납하고 싶지 않아. 아무튼 계속 열심히 공부해. 너도 알겠지만, 아빠는 네가 자랑스러워.'"

많은 십 대 아이들이 그런 칭찬에 익숙해져 있다. 칭찬을 받을 때마다, 아이들은 자동으로 마음에 충격을 받을 일까지 예상한다. 일반적으로 말하면, 칭찬할 때는 비판을 섞지 않는 것이 제일 좋다. 칭찬과 비판을 섞은 정직하지 못한 표현보다는 정직한 칭찬이나 정직한 비판이 아이들에게는 더 쉽고 덜 혼란스럽다.

평가가 아닌 설명

새로운 방법으로 칭찬을 하려는 사람에게 가장 도움이 되는 말은 "평가하지 말고 설명하라. 인격을 평가하지 말고, 사건을 이야기하라. 개성을 평가하지 말고, 느낌을 말로 설명하라. 개인을 칭찬하지 말고, 그가 해낸 일을 사실적으로 묘사하라."라는 것이다. 직접 인격을 칭찬하는 것은, 햇빛이 직접 내리비치는 것과 같아서 사람을 불편하게 하고 눈을 부시게 한다. 어린 나이에 멋있다느니, 굉장하다느니, 너그럽다느니, 겸손하다느니 하는 소리를 들으면 당황할 수밖에 없다. 그렇게 말하지 말라고 소리치고 싶은 기분이 든다. 사실 칭찬하는 사람도 최소한 아이가 칭찬의 일부는 부인할 것으로 기대한다. 그런 칭찬을 공공연하게 받아들이는 아이가 있다면 사회적으로 웃음거리가 될지도 모른다.

"고마워, 퍼트리샤 이모. 나도 이모 생각과 같아. 난 굉장한 아이거든."

사실 이 아이도 칭찬의 효과를 제대로 느끼지 못하고 있다. 솔직히 말해서 아무리 그래도 자기 스스로 "나 굉장하지 않아? 난 착하고, 강하고, 너그럽고, 겸손하지."라고 말할 수는 없을 것이다. 사실 그런 아이도 내심으로는 칭찬을 거절하면서, 자기를 평가하는 사람에 대해서 다른 생각을 하고 있는지도 모른다. "날 그렇게 굉장한 아이라고 평가하다니, 똑똑한 사람들은 아닌가 봐" 하고 말이다.

칭찬과 자기 이미지*

(평가하는 칭찬과 반대로) 사실을 있는 그대로 말하며 인정할 때, 아이는 현실적인 자기 이미지에 다가갈 수 있다. 칭찬은 두 부분으로 이루어진다. 칭찬하는 말이 그 하나이고, 다른 하나는 칭찬을 듣고 아이가 내리는 결론이다.

진정한 의미의 칭찬은, 칭찬을 듣고 나서 아이가 자신에게 하는 말이라고 할 수 있다. 칭찬하려면 아이의 공부, 노력, 성취, 마음가짐, 창의적인 생각 가운데서 마음에 드는 점과 높이 평가하는 점이 무엇인지를 명확하게 말해야 한다. 특정한 사건에 대한 특정한 감정을 말로 설명해 주면, 거기에서 아이는 자기 자신의 성격과 인격에 대해서 일반적인 결론을 이끌어 낸다. 우리 설명이 사실적이고 공감이 가면, 아이는 긍정적이고 건설적인 결론을 내리게 된다. 다음의 예를 보자.

- 도움이 되는 칭찬(설명하는 칭찬): 차를 닦아 주어서 고맙구나. 꼭 새 차 같은데.
- 아이가 내릴 수 있는 결론: 내가 좋은 일을 한 거야. 아빠가 기뻐하는 것을 보면, 나도 꽤 일을 잘하는 거야.
- 도움이 되지 않는 칭찬(평가하는 칭찬): 넌 정말 굉장한 아이

* 이 단원에 나오는 사례 가운데 일부는 개정판 《부모와 아이 사이》에 나오는 사례이다.

야. 정말 훌륭한 세차 일꾼이야. 네가 도와주지 않았다면 큰 일 날 뻔했어.

- 도움이 되는 칭찬(설명하는 칭찬): 생일 엽서 고맙게 받았다. 어찌나 재미있는지, 웃음을 참을 수가 없더구나.
- – 아이가 내릴 수 있는 결론: 내가 엽서를 잘 골랐나 봐. 앞으로 내 선택을 믿어도 되겠어. 내 취향이 괜찮다는 거니까.
- – 도움이 되지 않는 칭찬(평가하는 칭찬): 넌 항상 그렇게 생각이 깊더라.

- 도움이 되는 칭찬(설명하는 칭찬): 너 정말 아기를 잘 돌보더라. 너 때문에 하루를 벌었어. 정말 고마워.
- – 아이가 내릴 수 있는 결론: 내가 도움이 되었나 봐. 내 노력이 인정을 받았어. 나도 때로는 꽤 쓸모가 있는 아이야.
- – 도움이 되지 않는 칭찬(평가하는 칭찬): 어찌나 조심성이 많은지, 너만 있으면 안심이 돼. 넌 정말 훌륭한 아이야.

- 도움이 되는 칭찬(설명하는 칭찬): 지갑을 찾아 줘서 고마워. 정말 고맙게 생각하고 있어.
- – 아이가 내릴 수 있는 결론: 내 정직함이 인정을 받았어. 내가 그런 일을 했다고 생각하니 기분이 좋은데.
- – 도움이 되지 않는 칭찬(평가하는 칭찬): 넌 언제나 그렇게 정직하더라.

- 도움이 되는 칭찬(설명하는 칭찬): 네가 만든 책꽂이가 마음에 드는데. 쓸모도 있고 보기에도 좋고.
- 아이가 내릴 수 있는 결론: 내가 일을 잘한 거야. 나도 능력이 있어.
- 도움이 되지 않는 칭찬(평가하는 칭찬): 넌 대단한 목수야.

- 도움이 되는 칭찬(설명하는 칭찬): 네 방이 잘 정돈되어 있어서 보기 좋더라. 모든 것이 다 제자리에 놓여 있더구나.
- 아이가 내릴 수 있는 결론: 내 취향도 괜찮은가 봐.
- 도움이 되지 않는 칭찬(평가하는 칭찬): 놀랐어. 어쩌면 이렇게 훌륭한지!

- 도움이 되는 칭찬(설명하는 칭찬): 네가 쓴 수필이 마음에 들어. 거기서 몇 가지 아이디어를 얻었어.
- 아이가 내릴 수 있는 결론: 내 생각도 독창적일 수 있나 봐.
- 도움이 되지 않는 칭찬(평가하는 칭찬): 넌 훌륭한 작가야. 물론 맞춤법은 좀 문제지만.

- 도움이 되는 칭찬(설명하는 칭찬): 네 시를 읽고 다시 젊어지는 기분이 들었어. 정말 활기 넘치고 생명력이 가득한 시였어.
- 아이가 내릴 수 있는 결론: 내 시에 영향을 받았어. 나도 재능이 있나 봐.
- 도움이 되지 않는 칭찬(평가하는 칭찬): 넌 전설적인 시인이야.

- 도움이 되는 칭찬(설명하는 칭찬): 오늘 저녁에 설거지를 해 줘서 고마웠어. 설거지할 것이 많았는데. 사실 나도 무척 피곤했거든.
  - 아이가 내릴 수 있는 결론: 나도 도움이 될 수 있어. 날 고맙게 생각하고 있어.
  - 도움이 되지 않는 칭찬(평가하는 칭찬): 넌 매우 훌륭한 접시 닦이야.

- 도움이 되는 칭찬(설명하는 칭찬): 네 노래를 들으니까 일어나서 춤을 추고 싶더구나. 의자에 가만히 앉아 있을 수가 없었어.
  - 아이가 내릴 수 있는 결론: 내가 사람들에게 영향을 끼친 거야. 내 노래가 감동을 주었어. 나한테도 남에게 기여할 수 있는 것이 있어.
  - 도움이 되지 않는 칭찬(평가하는 칭찬): 넌 위대한 가수야.

사실을 말하며 칭찬하면, 십 대 아이는 거기서 긍정적인 결론을 내린다. 정신 건강에는 이것이 가장 필요하다. 메시지를 받으면, 아이는 거기서 결론을 내린다.

"날 좋아하고 있어."
"날 고맙게 여기고 있어."
"날 존중해 주고 있어."
"나도 능력이 있나 봐."

아이는 이런 결론을 말없이 반복해서 중얼거릴지도 모른다. 그와 같이 소리 없이 내면에서 되풀이되는 확신이 대부분 자신과 자신을 둘러싼 세계에 대한 상을 결정한다.

8

십 대의 시선

논리의 한계

우리는 부모로서 삶에 대해 심사숙고한다. 우리는 사실과 논리에 바탕을 두고 생각하며, 개념화하고, 논쟁하고, 추론한다. 이것들은 가정 밖의 삶에 대처하는 효과적인 도구가 될 수 있다. 하지만 우리 아이에게는 이런 방식이 먹히지 않는다. 가족 관계에서 논리는 한계가 있다. 논리는 마음을 따뜻하게 해 주지 못한다. 논리는 차가운 것이며, 불만이라는 긴 겨울을 불러들인다. 십 대 아이들은 부모의 이성에 반기를 든다. 그들은 돈, 지위, 복지 수준으로 성공을 평가하는 부모의 기준을 거절한다. 아이들은 부모들과는 달리 무형의 보상을 원한다. 또래 아이들에게 인정받고, 친구를 믿을 수 있으며, 이성 친구에게서 사랑받고 싶어 한다.

부모는 아이와 싸워서 이길 도리가 없다. 시간과 에너지는 아이 편이다. 부모가 미리 준비해서 싸움에 이길 경우, 아이는 복수심에 불타 무섭게 반격을 가한다. 반항하고 비행을 저지르거나 끝없이 신경질을 부린다. 아이들은 모두 무기를 지니고 있다. 분노가 극에 달하면, 남자아이들은 자동차를 훔치고, 여자아이들은 임신할 수도 있다. 부모에게 죽도록 걱정을 끼칠 수도 있고, 세상 사람 앞에서 망신을 줄 수도 있다.

엘리아 카잔은 《타협》이라는 소설에서 이러한 상황을 다음과 같이 묘사하고 있다.

유일한 골칫거리는 핀느갠의 아들이었다. 그만 아니었으면 정경은 목가적이었을 것이다. 그는 실패한 술주정뱅이였다.

(…)그는 아버지의 사회적인 체면을 깎아내릴 수 있는 일이라면 뭐든 하겠다고 별렀다. (…)한때 핀느갠은 평생 동안 쓸 수 있을 만큼의 돈을 주고 난 뒤, 자기 아들과 인연을 끊었다. 아들은 그 돈을 아버지를 폭로하는 기사를 인쇄하는 데 썼다. (…)또 아무에게나 그 돈을 주어 버렸다. (248쪽)

부모는 핀느갠처럼 모두 상처에 취약하다. 부모는 공격으로는 아이를 이길 수가 없다. 이길 수 있는 길은 오직 하나밖에 없다. 바로 아이를 자기편으로 끌어들이는 것이다. 이는 불가능해 보인다. 하지만 우리 능력 밖의 일은 아니다. 어디서 출발하는 것이 좋은가? 이스라엘의 현인들은 이렇게 말했다.

"지혜의 시작은 침묵이다. 그다음 단계는 귀를 기울이는 것이다."

십 대들의 이야기

다음은 십 대 아이들이 한 이야기이다. 무슨 이야기인지 귀를 기울여 보자.

"아빠 논리는 날카로운 못과 같아요."

열여덟 살 해리엇은 이렇게 말한다.

"우리 아빠는 자신이 지적인 사람이라는 데 자부심이 있어요. 아빠는 냉정하게 합리적으로 생각하면서 이론화해요. 무슨 문제가 있으면 모든 면을 다 점검해요. 편파적이지 않으려고 노력해요. 하지만 난 아빠에게 분통이 터져, 모든 것이 뒤죽박죽될 때가 많아요. 아빠는 나쁜 사람은 아니에요. 공정하며, 지나치게 인색하지도 않아요. 냉철한 지성의 소유자예요. 아빠 마음은 단단한 망치이고, 논리는 날카로운 못과 같아요. 내가 무슨 말을 하거나 질문을 던지면, 아빠는 내게 고문을 가해요. 내가 이야기한 내용을 어디서 알아냈는지, 어떻게 알고 있는지 알려고 해요. 내 사고의 진행 방향이 달라질 때마다 그걸 추적해서, 내 생각이 잘못된 길로 가고 있다는 걸 보여 줘요. 난 아빠가 좀 덜 예리하고 좀 더 인간적이었으면 좋겠어요. 순간의 감정도 소중히 여길 줄 알았으면 좋겠어요. 아빠가 꽃을 꺾기 위해서, 산책하기 위해서, 저녁노을을 감상하기 위해서 길가에 차를 세우는 모습을 상상할 수가 없어요."

"아빠처럼 살기 싫어."
열일곱 살 해럴드는 친구에게 이런 이야기를 써서 보냈다.
"어른들을 보면, 탐욕과 야망이 보여. 어른들이 원하는 것은 저금 통장, 전원주택, 자동차 두 대와 요트뿐이야. 우리 엄마 아빠는 이 모든 것을, 아니 훨씬 더 많은 것을 갖고 있어. 자동차가 두 대, 집이 두 채에 컨트리클럽 회원이니까. 우리 아빠는 부자야. 거의 모든 것을 소유하고 있으니까. 우리 집에는 가전제품이 그득해. 그래서 우리 아빠가 행복하냐고? 아니, 불행해. 과로에 지쳐 녹초가 된 상태야. 시간에 쫓기고 세금에 짓눌려 있어. 두통에 시달리고 불신에 사로잡혀 있어. 성공의 사다리를 타고 올라가서 발견한 것이라고는 그래 봐야 다 소용없다는 현실뿐이었어. 더 올라가야 할 사다리 말고는 아무것도 없었던 거야.

지금 아빠는 심리적으로 공황 상태야. 우울증에 시달리기도 하는데, 나이는 속일 수 없나 봐. 성공의 정점에 서서 보니, 허리는 구부러지고 힘 빠진 노인인 거야. 난 아빠처럼 살기 싫어. 난 부를 쌓거나 재산을 모으고 싶지 않아. 그런 '성공'에는 신물이 났어. 난 끝없이 경쟁하며 살지 않기로 결심했어."

"엄마 아빠가 안됐어요."
열여덟 살 스튜어트는 말한다.
"엄마 아빠가 안됐다는 생각이 들어요. 엄마 아빠는 돈을 꿈꾸며 인생을 보냈어요. 아빠는 인생을 사는 것이 아니라 계산하는 사람이에요. 필사적으로 더하고 빼며 투자해요. 아빠는 사실과 숫자로 가득 차 있어요. 마치 IBM 컴퓨터 같아요. 우리 엄마도 돈을 좇는다는 점에서는 아빠와 같았어요. 하지만 엄마는 환멸에 사로잡혀 비통해하고 있어요. 당신들이 얼마나 메마르게 살아왔는지를 뼈저리게 느끼고 있어요."

"내가 냉소적으로 변하고 있어요."
열일곱 살 미첼은 이렇게 말한다.
"난 인생을 진지하게 생각해요. 도덕적으로 살고 싶어요. 그런데 냉소적으로 변하고 있어요. 난 깨달았어요. 당신이 우리가 요구하는 이상에 따라 살 것이라고 그 누구도 기대하지 않는다는 사실을 말이에요. 만일 그런 노력을 한다면 당신은 순진한 사람이에요. 난 위선이 제도화되었다는 것을 깨달았어요. 사람들은 집과 학교, 사회에 으레 위선이 팽배해 있을 것이라고 예상해요. 우리 아빠는 인간관계에서는 매우 도덕적이에요. 하지만 사업에서는 거의 사기꾼에 가까워요. 엄마는 정치적으로는 자유주의자예요. 하지만 흑인이 이웃으로 이사 오지 않게 해 달라고 기도하고 또 그러길 바라지요. 학교에서는 평등을 가르쳐요. 하지만 교사들은 모두 백인이고, 학급에서는 오로지 형식적으로만 인종차별을 하지 않고 있어요."

"아빠는 인생을 공식에 맞추려고 해요."
열여섯 살 된 하워드는 이렇게 말한다.

"우리 아빠는 과학에 대해서 무척 많이 알아요. 하지만 인간에 대해서는 아는 것이 거의 없어요. 아빠는 화학자예요. 인생을 공식에 맞추려고 해요. 질서와 통제를 무척 강조해요. 그래서 늘 불만에 차 있어요. 아빠가 보기에 인생이 너무나도 무질서하기 때문이에요. 아빠는 절대 자유를 느끼지 못해요. 자기 감정을 조절하고, 고용한 직원들을 통제하고, 엄마를 통제해요. 또 나를 통제하려고 애써요. 사람들에게 관용을 베풀지 않아요. 아빠는 우리와 같은 사람이 아니에요. 오히려 통제받는 실험 대상 같아요. 날 사랑한다고 말은 하는데, 난 그걸 느끼지 못하겠어요. 말로는 내가 정말 잘되길 바란다고 해요. 하지만 아빠가 그걸 어떻게 할 수 있겠어요. 나를 알지도 못하는데 말이에요."

"아빠 꿈에 맞추기 싫어요."
열일곱 살 니콜라스는 이렇게 말한다.

"우리 아빠 마음속에는 이상적인 아들에 대한 그림이 들어 있어요. 자기와 나를 비교하면서 크게 실망해요. 난 우리 아빠의 꿈에 맞추어 살기 싫어요. 아주 어린 시절부터, 아빠가 나에게 실망하고 있다는 것을 느꼈어요. 아빠는 그걸 숨기려고 했지만 수많은 사소한 행동을 통해서 그 실망은 드러났어요. 목소리로, 말로, 또 침묵으로 표현되었어요. 아빠는 나를 자기 꿈의 복사본으로 만들려고 무진 애를 썼어요. 생각대로 되지 않으면, 나를 포기했어요. 하지만 아빠는 깊은 상처를 남겼어요. 실패라는 지우지 못할 마음의 아픔을 말이에요."

"난 우리 엄마 인생의 유일한 관심거리예요."
열다섯 살 먼로는 이렇게 말한다.

"우리 엄마는 나를 행복하게 해 주겠다고 작심했어요. 그러다가 죽어도 상관없다는 식이에요. 나는 엄마 인생의 유일한 흥밋거리예요. 내 건강, 숙제, 사회생활이 엄마의 주요 관심사예요. 엄마는 열심히 일해요. 날 위해 쉬지 않고 온갖 불필요한 일을 하고 있어요. 내가 절대 신지도 않을 양말을 꿰매요. 내가 아프기라도 하면 엄마는 히스테리를 부려요. 우리 집은 항생제와 닭고기 수프가 가득한 약국으로 변해요. 아플 때나 건강할 때나 엄마는 독수리처럼 나를 지켜보고 있어요."

"엄마가 어른스러워졌으면 좋겠어요."
열여섯 살 헨리에타는 이렇게 말한다.

"우리 엄마는 어른스럽지 않아요. 엄마는 지나치게 주목을 받고 싶어 해요. 살림을 꾸리거나 우리를 돌보는 방법을 몰라요.

자동차도 운전할 줄 몰라요. 주의가 너무 산만해서, 뭘 해야 하는지를 구별하지 못해요. 전화번호부를 활용할 줄도 모르고, 주말에 여행을 떠나면서 가방을 꾸릴 줄도 몰라요. 나는 엄마가 생활을 좀 더 규모 있고 현명하게 할 수 있도록 도와주려고 노력했어요. 하지만 엄마는 너무나 많은 것을 의지해요. 엄마는 내게 '네가 도와주지 않았으면 큰일 날 뻔했구나'라고 말해요. 엄마가 어른스러워졌으면 좋겠어요."

"우리 엄마는 뻔한 이야기를 하고 있어요."
열여섯 살 헬렌은 이렇게 말한다.

"우리 엄마는 열린 마음을 가지라고 요구해요. 그런데 그 마음이 어찌나 열려 있는지, 공허할 정도예요. 엄마는 자기 자신에 대해서는 생각하지 않아요. 아침에는 벤저민 스포크* 이야기를 하다가, 밤에는 프로이트를 이야기해요. 뻔한 이야기를 신비스러운 목소리에 담아 이야기해요. 우리 엄마는 내게 위험과 그 결과에 대해서 자세하게 설명해요. 심각하게 이야기해요. 하지만 내게는 우습게 들려요. 웃음을 참을 수가 없어요. 그 때문에 엄마 자존심은 상처를 입을지 몰라도, 엄마의 열정은 상처를 입지 않아요. 엄마는 내 미래의 운명을 보았다고 이야기해요. 내가 우리 학교의 수치이며, 가족에게는 신용을 잃었고, 지지리 궁

---

* 시간에 따라 수유하지 말고 배고플 때 그냥 먹여라, 아이를 껴안고 애정 표현을 많이 할수록 아이는 안정을 느낀다고 주장했던 미국의 소아과 의사이다.

상으로 살다가 죽을 거라고 해요. 그러면 나는 오스카 와일드가 했던 이야기를 해 줘요. '지지리 궁상으로 살지도 모르겠지만, 난 별을 바라보고 있다'고 말이에요."

"엄마는 타고난 청결 부인이에요."
열일곱 살 랄프는 이렇게 말한다.

"우리 엄마는 타고난 청결 부인이에요. 청결에 관해서라면 엄마는 광적이에요. 정기적으로 빈틈없이 위생 검사를 해요. 누가 담뱃재를 한 번이라도 털면, 엄마는 재떨이를 비우기 시작해요. 우리 집은 가정이 아니라, 곳곳에 함정이 널린 전쟁터예요. 한 걸음만 내디뎌도 폭발음이 들려요. 아주 사소한 것이라도 떨어져 있으면 엄마는 화를 내요. 끊임없이 소리를 지르죠. 내가 인생은 살라고 있는 것이지, 청소하라고 있는 게 아니라고 말하면, 엄마는 양탄자 위에 허리를 숙이고 먼지 같은 것을 집어 들면서 '넌 돼지우리에서 살고 싶은가 보구나' 하고 대답해요. 엄마가 안됐다는 생각이 들어요. 엄마 삶은 나무랄 데 없이 깨끗하긴 하지만, 메말랐어요."

"남자 대 남자의 대화였어요."
열아홉 살 홀든은 이렇게 말한다.

"난 아빠와 오랫동안 진지하게 대화를 나누었어요. 남자 대 남자의 대화였어요. 난 아빠 세대에게 무척 실망했다고 했어요. 돈만 추구하고, 사람들을 부려 먹고, 사업에서는 정직하지 못하고, 정치는 타락했으며, 피비린내 나는 전쟁을 벌인다고 했어요.

아빠는 이렇게 대꾸했어요.

'네 눈으로 세상을 보니까 문제가 많다는 얘기겠지. 그래서 더 좋은 세상을 만들고 싶은 것이고. 나도 몇 마디 할까? 너희들의 멋진 신세계에도 몇 가지 개선할 점은 있어. 난 너희들의 저속한 언어와 시끄러운 음악, 외설적인 문학이 싫어. 인생에 여러 가지 모순이 있다는 사실을 인정해. 우리에게는 해답이 없어. 너희들은 너희들의 해답을 철석같이 믿고 있어. 하지만 나는 너희들이 믿는 그런 절대적인 진리보다 내 삶의 불확실성이 더 좋아. 너희들은 모든 문제를 순식간에 해결하려고 해. 그게 바로 소위 플라워 파워*야. 담배와 술, 새로운 유행을 좇으며 환각제에 취하다 낙제하는 것이 너희들의 해결책이야. 너희들에게 저항하고 혁신할 권리가 있다는 걸 부인하지는 않아. 그것이 젊은 세대의 과제이니까. 내 과제는 의도적인 혼란에 맞서 전통을 지키는 거야.'

아빠에게 두 손 들지 않을 수 없더군요. 아빠는 내 이야기를 경청하면서, 자기 의견도 명확하게 주장해요. 우리를 생각하게 만들어요."

담당 의사에게 보낸 편지

이 편지는 치료를 마친 한 십 대 소녀가 쓴 것이다. 이 편지는 희

---

* 1960년대 후반에서 70년대 초반 베트남 전쟁에 반대하며 일어난 평화 운동을 말한다. 히피족이 평화 운동을 적극 받아들였고 사회적 관습을 부정하며 자유로운 생활을 추구하는 현상을 가리키는 말로도 쓰였다.

망의 메시지를 전해 준다. '까다로운' 십 대 아이를 둔 부모에게 도 말이다.

나를 아껴 주셔서 감사해요. 말로 하려니까 좀 이상하지만 말이죠. 정말로 그 사실을 인정하는 뜻에서 드리는 인사예요. 의사 선생님의 사랑은 나라는 한 개인에게 준 사랑이기도 하지만, 모든 인간의 존엄성을 진정으로 존중하는 마음에서 우러나온 사랑이라는 것도 알고 있어요. 그 때문에 선생님의 사랑을, 위협적이지 않은 아주 즐거운 행복으로, 편안한 현실로 받아들일 수가 있어요. 전에는 사랑을 소유와 경쟁, 성취와 혼동했어요. 모든 사람을 다 기쁘게 해 주려고 노력하거나, 엄마 아빠의 너그러운 성격을 신경질적으로 이용해서 사랑을 얻으려고 했어요. 그래서 엄마 아빠의 분노와 고통에 대해서 죄책감을 느꼈어요. 엄마 아빠는 내게 다가오려고 무진 애를 썼지만, 난 다가갈 수 없는 아이였어요.
선생님의 치료로 세상을 볼 수 있는 눈을 얻었고, 나 스스로 성장하는 데 없어서는 안 될 것들도 배웠어요. 어수선한 주변을 초월하는, 다시 말하면 때맞춰 어지러운 어른 세상의 지옥에서 벗어나는 법을 배웠어요. 지난주에 내 열여덟 번째 생일 파티를 했어요. 내겐 아직도 해결하지 못한 문제들이 많아요. 하지만 선생님처럼, 사람에게는 때가 너무 늦는 법은 결코 없다고 생각해요. 내 지난 행동에 대해서 말로 사죄하고 싶지는 않아요. 사죄가 정직한 행동이라고 믿지도 않고요. 훨씬 더 큰 보람은 변화에서 오니까요.

9
사교 생활: 자유와 한계

인기를 싫어하는 아이들

한 고등학교에서 발행하는 학교신문에 실린 만화에 두 얼굴을 가진 여학생이 웃고 있는 모습이 실렸다. 제목은 '인기를 따르는 골 빈 여학생'이었다.

한 대학교 학보에도 비슷한 만화가 실려 있었다. 제목은 '우리 기숙사 현관의 신발 먼지털이, 미스 인기 양을 만나 보시라'였다. 이 만화들은 인기를 좇는 사람들에 대한 십 대들의 태도를 잘 보여 준다. 인기를 따르는 사람들은 존중을 받지 못한다. 그들은 이용만 당하고 사람들에게 경멸을 받는다. 그런데도 많은 부모는 인기를 얻어야 한다고 연신 다그치며, 아이에게 낡아 빠진 충고를 해 대고 있다.

열여섯 살 잉그리드는 이렇게 말한다.

"엄마는 남자아이들과 여자아이들 모두에게 인기를 얻는 방법에 관한 확실한 공식을 갖고 있어요. 항상 유쾌하게 굴고, 미소를 잃지 말고, 열정적으로 행동하고, 관심을 보여 주고, 여자아이들과 말싸움하지 말고, 남자아이의 말을 반박하지 말라는 거예요. 난 엄마에게 '간단히 말하면, 엄마는 내가 위선자가 되길 바라는 거야!'라고 대꾸했어요. 엄마는 어이가 없다는 듯이 나를 바라보더니 웃지도 않고 이렇게 말했어요.

'그래서 네가 아직 어리다는 거야. 사람들이 너를 좋아하는 것이 인생에서 얼마나 중요한지 넌 아직 몰라.'"

십 대 아이들이 거짓 인기를 싫어하는 것은 칭찬할 만한 일이다. 인기를 위해 인격을 의심받을 행동을 해야 할 정도라면, 터무니없이 값비싼 대가를 치르는 것이다. 인기를 위해서 끊임없이 겉치레를 해야 한다면, 어처구니없이 비싼 값으로 그걸 사는 것이다. 이런 사실을 아이들은 알고 있다. 맹목적으로 인기를 좇는 것은 바람직하지 않다. 인기라는 것은 오로지 삶의 부산물일 뿐이다. 결코 목적이 될 수 없다.

부모는 아이에게 인기를 추구하라고 강요하지 말아야 한다. 부모는 아이가 자신의 감정을 스스로 돌볼 수 있도록 돕고, 필요할 때는 홀로 설 수 있게 용기를 북돋워 줘야 한다. 십 대 아이가 다른 많은 아이와 달리 술을 마다하고, 담배를 거절하고, 위험한 스피드 경주를 사절하면서 자기 원칙을 지킬 수 있으려면 앞으로 용기가 필요할 것이다. 십 대의 삶과 안전은, 인기 없이도 지낼 수 있고, 자기 또래의 조숙한 아이들을 무작정 흉내 내는 것을 거부하는 능력에 달려 있을 때가 많다. 십 대에게는 이렇게 말해 주는 것이 좋다.

"우리는 인기보다는 성실함을 더 높이 평가하며, 사회적 성공보다 개인적인 품위를 더 가치 있게 여긴다."

열세 살인 재닛은 열 명의 친구를 파자마 파티에 초대했다. 많은 아이가, 친구 중에 어느 한 아이가 참석한다면, 자기들은 오지 않겠다고 연락을 해 왔다. 괴로워하고 고민하던 재닛은 친구들의 의견에 따르기로 마음먹었다. 그런데 재닛의 부모가 반대했다. 친구들이 강요한다고 해서 한 친구를 버릴 수는 없다고 못 박았다. 아버지는 "인기를 얻는 것보다 친구에게 우정을 다하는 것을 중요하게 여기는 것이 우리 집 전통이야"라고 말했다.

가치에 대한 부모의 적극적인 태도는 십 대 아이들에게 강한 인상을 남긴다. 부모의 말을 좋아하지는 않아도, 가치에 대한 부모의 단호한 태도를 존중하며, 부모의 성실함을 소중히 여긴다. 아이들의 자부심과 기품은 용기와 공정함을 강조하는 부모의 태도에서 비롯된다.

때 이른 데이트를 원하지 않는 아이들

십 대 아이에게 데이트를 부추기는 부모들이 종종 있다. 아이가 인기를 누리기를 바라기 때문이다. 그런 부모들은 열두 살 난 아이에게 파트너와 동반하는 파티에 가도록 허락하며, 열한 살짜리 아이에게 브래지어에 패드를 대게 하고, 심지어는 그보다 더 나이가 어린 애들에게 이성 교제를 허락한다.

십 대에게 이성 교제를 강요해서는 안 된다. 아직은 파티보다는 야구를, 춤보다는 독서를, 데이트보다는 낚시나 수영을 즐기도록 해 주어야 한다. 파티와 데이트는 많은 십 대 소년 소녀들의 마음에 부담을 준다. 자발적으로 파티와 데이트에 응하는 청소년들은 많지 않다. 그런 구경거리를 정작 재미있어하는 사람은 어른들이다. 서툴기 짝이 없는 아이들 모습이 귀엽기 때문이다. 열두 살짜리 남자아이가 파티복으로 정장을 하고, 여자아이가 한껏 치장한 걸 보면 웃음도 나올 것이다. 수줍음을 타는 아이, 성격이 예민한 아이, 조숙하지 못한 아이들은 청춘의 봉오리가 피기도 전에 상처를 받을 수 있다. 희극 배우 우디 앨런은 이렇게 말한 적이 있다.

"갓난아기 때부터 나는 낙제생 같았어요. 심지어는 유치원에서도 우유를 떼지 못했어요."

다음 이야기들은 바람직하지 못한 방법으로 아이에게 강요한 몇 가지 실례들이다.

아버지가 아들에게 하는 이야기이다.

"너도 열다섯 살이 다 되었어. 한데 네가 보는 만화책을 보니까, 꼭 열 살짜리 아이 같다는 생각이 드는구나. 네 나이 또래 아이들은 벌써 여자 친구들과 나가 노는데 말이야."

열다섯 살 소녀가 어느 잡지 기고가에게 편지를 썼다.

"우리 엄마는 내 뒤를 졸졸 쫓아다니며 남자아이들 이야기를 물어요. 나를 위해서 엄마 친구 아들들과 파티와 데이트를 주선해요. 난 그런 데 질렸어요. 내가 정말 좋아하는 것은 승마예요. (도약 부분에서 세 번이나 우승했어요.) 그 이야기를 할 때마다 엄마는 버럭 화를 내며 소리를 질러요. 그러면 꼭 내가 뭘 잘못한 것 같은 생각이 들어요."

열네 살 된 펀은 이렇게 말한다.

"난 밤에 그런 어리석은 파티에 가는 것보다는 책을 읽는 게 더 좋아요. 하지만 우리 엄마는 늘 책은 내가 사회생활 하는 데 방해만 될 뿐이라고 말해요."

열다섯 살 메릴린은 이렇게 말한다.

"밤에 좋아하지도 않는 남자아이들과 함께 지내느니 차라리 내 여자 친구들과 함께 지내겠어요. 하지만 우리 엄마 아빠는 데이트를 강요해요. 내가 별로 외출을 하지 않는다고 생각하기 때문이에요. 데이트를 거절하면 엄마 아빠는 화를 내면서, 장난으로 남자아이를 좋아해서는 안 된다고 해요. 난 아무런 감정도 없는데, 남자아이가 나에게 돈을 쓰게 하는 건 정직하지 못하다는 생각이 들어요."

중학생: 사려 깊은 프로그램과 시간표

아이들이 패드를 덧댄 브래지어를 하고, 사교춤을 추고, 파티 클럽을 만들고, 파티복을 입고, 늘 데이트를 하면서 사교 활동이나 성 문제에서 조숙한 모습을 보일 때, 많은 부모는 경계 태세에 들어간다. 많은 지역사회에서 부모와 교사가 만나 십 대 아이들을 위한 시의적절한 프로그램과 적당한 활동에 대해 의논하고 있다. 이들의 의도는 현재의 추세를 역류시키는 데 있다. 아이들이 강요에 의해 성에 눈뜨는 것을 방지하고, 성에 대한 관심이 서서히 또 자연스럽게 성숙할 수 있게 해 주자는 것이다. 다음 이야기들은 중학생 아이를 둔 학부모들이 나눈 토론인데, 새로운 추세에 대한 설명이 될 것이라 생각한다.

A 부인 내 딸은 열두 살인데, 반에서 제일 나이가 어려요. 친구들 가운데 조숙한 아이들도 있지만, 내 딸아이는 그렇지 못해요. 교사가 전화해서 정서적으로 볼 때, 딸아이에게 패드를 댄 브래지어를 해 줄 필요가 있다고 넌지시 일러 주더군요. 난 화가 나서 발끈했어요. 여자아이들 몇 명이 패드를 덧댄 브래지어를 하고 다니는데, 그걸 금지하면 내 딸아이에게도 아무런 문제가 없을 거라고 말해 주었어요.

B 부인 열두 살 난 내 딸은 남녀 동반 파티에 초대받았어요. 초대장을 돌려서 참석 여부를 묻는 정식 파티였어요. 난 깜짝 놀라서 몇몇 학부모에게 연락해 중학교에서 그런 파티를 여는 데 반대하기로 결정했어요.

C 부인   우리 학부모·교사 협의회에서는 6학년, 7학년 아이들이 춤 모임과 파티 모임을 만드는 것에 반대하기로 했어요. 파티는 주간에만 허용하되, 쌍쌍 파티는 열지 못하게 했어요. 아이들이 정장과 코르사주 차림으로 사교춤을 추는 건 우리 학교에는 어울리지 않아요.

D 부인   우리 학부모·교사 협의회에서는 투표해서 사교춤 강습은 8학년, 쌍쌍 파티는 9학년부터 열 수 있게 했어요. 우리는 또 연극반, 합창단, 오케스트라, 교지 편집반을 만들기로 결정했어요. 그렇게 되면 우리 아이들은 단체 생활을 통해서 생산적인 활동을 할 수 있을 거예요.

E 부인   우리 8학년 학부모들은 여학생들이 입술 화장하는 걸 허용하기로 했어요. 하지만 8학년까지는 눈 화장을 못 하게 하고, 고등학생에게나 어울리는 사교 활동은 중학생에게는 허용하지 않기로 결정했어요.

F 부인   내 딸은 9학년이에요. 댄스파티를 열어 주되, 학부모들이 보호자로 따라다니면 어떻겠느냐는 안건이 오른 것은 올해가 처음이에요. 딸아이가 다니는 학교에서는 사교춤 강습을 하고, 학부모들이 댄스파티와 파티 모임을 주선해요. 우리 학부모·교사 협의회에서는 파티는 1년에 네 번 열고, 파티 시간은 세 시간으로 하되, 밤 11시를 넘기지 않기로 결정했어요.

G 부인   제 딸도 9학년이에요. 우리는 남녀 아이들이 두 쌍

또는 단체로 만나서 노는 것은 허용하고 있어요. 내 딸이 다니는 학교에서 여는 댄스파티에서는 굳이 이성 친구를 동반할 필요가 없어요. 또 남녀 아이들이 정장과 코르사주 차림으로 오는 것을 금지했어요.

H 부인   나는 최근까지 노예처럼 살고 있다고 생각했어요. 아이들 일정이 많다 보니, 내가 운전기사가 되어 버린 거예요. 데이트, 피아노 교습, 교회 합창단, 테니스, 발레 연습을 하러 다니는 아이들을 실어다 주는 게 일이었어요. 우리는 학부모·교사 협의회를 열어 아이들에게는 좀 더 많은 여가 시간이 필요하며, 부모에게도 좀 더 많은 휴식이 필요하다는 결정을 내렸어요. 지금 우리 아이들이 정기적으로 하는 활동은 일주일에 두 가지가 안 돼요. 아이들도 좋아하고, 우리도 만족하고 있어요. 난 다시 책을 읽기 시작했어요.

고등학생: 자율과 지도

고등학교에 다니는 십 대 아이들은 스스로를 어른이라고 생각한다. 이젠 거의 독립을 했다고 생각하기 때문에 자율권을 제한하면 벌컥 화를 낸다. 하지만 어른들은 아이들에 대한 지도를 포기할 수가 없다. 이 시기의 아이들은 또래들과 지나치게 몰려다니다 보면 학업에 소홀해질 위험이 있다. 십중팔구 부모와 교사들과 충돌하지 않을 수 없다.

다음은 고등학생을 둔 학부모들이 한 이야기이다. 전형적으로 부모와 십 대 아이 사이에서 벌어지는 갈등과 유익한 해결책을 찾아내려는 부모의 모습을 찾아볼 수 있다.

"우리는 열다섯 살 난 딸에게 데이트를 허락해요. 하지만 그 아이의 남자 친구를 우리가 직접 만나 봐야 하며, 가는 곳을 알아야 한다고 못 박아요. 밤 11시까지 집에 들어오리라고 우리가 기대하고 있다는 것을 딸아이는 알아요. 이런 규제들이 싫을 거예요. 하지만 그것들이 딸에게 자기가 부모의 보호를 받고 있다는 느낌을 갖게 해 줄 거라고 믿어요."

"내 딸은 열여섯 살인데, 귀가 시간을 자정으로 해 달라고 부탁하더군요. '말썽이야 어느 시간에든 날 수가 있잖아' 하면서요. 남편은 딸에게 '난 네가 항상 몸가짐을 바르게 할 것이라 믿어. 하지만 아빠는 너에 대한 사람들의 평판이 걱정스러워서 그러는 거야.' 하고 대답해 주었어요."

"우리 딸은 남자 친구를 만나러 갈 때는 쪽지를 남겨요. 급할 때 연락할 수 있는 장소도 적어 놓아요. 그 때문에 번거로움을 피할 수 있어요. 우리가 꼬치꼬치 따져 물을 때마다 딸은 화를 냈는데, 이 쪽지가 체면을 살리는 수단이 된 거예요."

"내 딸은 남자 친구를 만나러 갔다가 늦으면 전화를 해요. 전에 한번 딸에게 '네가 외출하면 난 노심초사하며 시간을 보내는데, 엄마도 좀 즐겁게 시간을 보낼 수 있게 해 주면 안 되겠니? 늦을 것 같으면 전화를 해라.' 하고 말한 적이 있어요. 우리가 자기에게 관심을 갖고 있다는 걸 알더라도 부담스럽게 여기지는 않을 거라고 생각했기 때문이에요. 딸의 귀가 시간은 상황에 따라 달라요. 우린 딸을 존중해요. 딸도 우리에게 상냥하게 굴고요."

"내 딸이 유명세를 좇아서 남자 친구를 만난다는 사실을 알게 되었어요. 유명한 남자아이들과 친하다는 것을 과시하려고, 자기 감정도 무시해요. 인기 야구 선수나 반장, 스포츠카를 가진 아이와 만나요. 난 딸과 길게 이야기를 나누었어요. 남자 친구를 만나는 데도 지켜야 할 것이 있다고 했어요. 남자 친구를 사귀는 것은 몸을 꾸미는 것과는 다른, 바로 인간관계라고 말해 주었어요. 딸은 놀란 표정으로 내 말에 귀를 기울이더군요. 내 말의 요점을 이해했으면 좋겠어요."

"내 딸은 열여섯 살인데, 한번은 남자 친구를 만나려고 하질 않더군요. 나더러 어빙이 전화하면 아프다고 말해 달라고 부탁하는 거예요. 난 거절했어요. 설명이나 사과도 없이 약속을 어기는 것은 옳지 못한 일이라고 말했어요. '바닷가에 가고 싶은데, 어빙은 차가 없거든.' 딸은 변명하듯 대답했어요. '차를 가진 아이와 데이트하고 싶어서 그러지?' 하고 물었더니 수긍하더군요. 그러면서 '내가 어빙에게 전화해서 데이트를 취소하는 것이 나을 것 같아'라고 했어요."

"내 딸은 열일곱 살인데, 사귀는 남자 친구가 있어요. 난 훨씬 더 좋아질지도 모를 다른 남자 친구가 생기면 어떻게 할 셈이냐고 물었어요. 남자 친구에게 싫증이 나긴 하지만, 헤어지기는 두렵다고 하더군요. 난 '그런 결정을 내리는 건 쉽지 않아. 남자 친구 없이 주말을 보내려면 겁이 나기도 할 거야.'라고 했어요. 딸은 확실히 위안을 얻은 듯했어요. '응, 쉽지는 않을 거야. 하지만 그렇더라도 헤어지긴 헤어질 거야.' 하더군요."

"열여덟 살 난 딸이 말했어요. '나 사랑에 빠졌어. 이번엔 확실해. 짐을 보면 가슴이 두근거리고 무릎이 후들후들 떨려. 그냥 쳐다보기만 하는데도 마음이 녹는 것 같아. 우린 이야기를 나눌 필요도 없어.' 나는 대화를 나누는 게 더 좋을 거라고 말해 주고 싶었지만 참았어요. 짐을 보기만 해도 어찌나 떨리는지, 말이 나오지 않는대요. 어떤 사람인지 알아보려면 이야기를 나눠 보아야 할 텐데, 그저 키스만 한다는 거예요. 키스할 시간에 대화를 나눈다면 얼마나 좋겠어요. 내 딸은 짐을 거의 몰라요. 짐이 어린아이들을 좋아하는지, 성격은 어떤지, 스트레스를 받을 때는 어떻게 해결하는지 전혀 몰라요. 일이 순조로울 때는 짐도 즐거워하겠죠. 하지만 일이 자기 마음대로 안 될 때는 어떻게 풀어 나갈까요? 난 그런 문제를 놓고 딸과 진지하게 이야기를 나눌 적절한 때가 오기를 기다리고 있어요. 지금 당장은 구름 위에 둥둥 떠 있어 내 말이 귀에 들어오지 않을 거예요."

"내 딸은 열일곱 살인데, 인기 있는 미식축구 선수하고 사귀고 있어요. 딸은 그를 사랑하고, 맹목적인 사랑은 아니라고 말해요.

하지만 딸의 좌우 시력이 2.0은 아니에요. 내 딸은 남자 친구를 한 번도 제대로 바라본 적이 없대요. 너무 눈이 부셔서 바라볼 수가 없다는 거예요. 남자아이는 근육 말고는 아무것도 보여 줄 것이 없는 아이예요. 미식축구 시즌이 끝나면 뭘 할지 궁금해요. 경기 모습을 모아 둔 스크랩북을 읽을까요? 당신 딸이 실수를 저지르고 있는데도 아무 말도 안 하고 있으려면 힘이 들 거예요. 하지만 내가 직접 간섭하려고 들면 둘이 더 딱 달라붙어 안 떨어지려고 할 거예요. 딸이 본래 가지고 있던 사람 보는 눈이 되살아나기만을 바랄 따름이에요."

열일곱 살 아이러는 아버지에게 더 이상 유대교를 믿지 않겠다고 알렸다. 유대교가 지나치게 엄격하며, 과도한 것을 요구한다고 느꼈기 때문이다. 아이러의 아버지는 말했다.

"계율을 따르는 게 쉽지 않다는 건 나도 알아. 분명히 그것이 널 더 힘들게 할 거야. 하지만 이건 우리 전통이야. 네가 그것을 지켜 주리라 기대한다."

아이러는 대꾸했다.

"커서 집을 떠나게 되면, 내가 하고 싶은 대로 할 거야."

아버지는 그때가 되어도 부모와 조부모, 그 이전의 수많은 세대가 지켜 온 전통을 존중해 주기 바란다고 대답했다.

아이러 아버지는 아들의 인격을 공격하지 않으면서도 가족의 전통을 옹호했다. 아들의 소망을 인정하고 아들의 어려움에 공감하면서도, 자신의 가치를 주장했다. 그는 아들이 집 밖에 나가서 하는 행동을 막지 못한다는 것을 익히 알고 있었다. 그러면서도 자신의 기대를 명확하게, 모욕적인 언어를 쓰지 않고 표현했다. 결국 아이러는 자신의 기준을 다시 한번 평가해 본 뒤에, 자기 의지에 따라 결정을 내릴 것이다. 아이러 아버지는 일정한 한계를 벗어나지 않는 선에서 아들의 생각에 개입하였다. 그랬기 때문에 아들의 성장과 성숙에 도움이 되는 과정을 중단하지 않고 계속할 수 있었다.

부모의 책임: 기준과 한계

어른으로서 부모의 책임은 기준을 설정하고 가치를 실천하는 데 있다. 십 대 아이들은 부모가 무엇을 존중하고 무엇을 기대하는지 알아야 한다. 물론 아이들은 부모가 세운 기준에 반대하고, 규율에 저항하며, 부모가 얼마만큼 인내하는지 한계를 시험하려 들 것이다. 이는 자연스러운 현상이다. 부모 말에 덮어놓고 복종만 한다면 아이는 성장하지 못한다. 십 대 아이들이 규율에 대해 화를 내는 것은 예상된 일이므로, 부모는 이를 너그럽게 대해야 한다. 우리는 십 대가 금지 조치를 환영하리라고 기대하지 않는다.

과거에는 아이들에게 금지 조치를 내렸지만, 요즘은 새로운 방법을 쓴다. 아이들에게 한계를 정해 준다. 두 방법 사이에는 결정적인 차이가 있다. 과거에는 십 대의 감정을 무시하기 일쑤였다. 핏대를 세우며 언쟁을 벌이고, 그것도 반항심을 자극하는 표현을 써 가며 부모는 아이에게 금지령을 내렸다. 지금은 그런 방식으로 하지 않는다. 한계를 설정하되, 십 대의 자존심을 지켜 준다. 부모가 정한 한계이지만 자의적이거나 변덕스럽지 않다.

그것들은 가치에 뿌리를 두고 있으며, 아이의 인격을 기르는 게 분명한 목적이다.

십 대들에게 다가가는 새로운 방법의 핵심은 감정과 행동을 구분하는 것이다. 감정과 소망을 다룰 때, 부모는 아이에게 너그럽다. 반면에 아이가 용납할 수 없는 행동을 할 때는 엄격하다. 부모는 십 대의 의견과 태도를 존중하고, 꿈과 소망을 얕보지 않으면서, 아이들의 행동 가운데 어떤 것을 중지시키거나 수정해 줄 권리를 갖는다.

부모는 어른이지 십 대 아이들의 동료나 친구가 아니다. 부모는 친절한 안내자이다. 아이들과 사회를 보호해 줄 기준과 가치를 지켜야 할 때는 아이의 일시적인 적개심도 너끈히 견뎌 낼 수 있을 만큼 강한 힘을 지니고 있으며 너그러운 관심으로 아이를 지키는 사람이다.

10

십 대의 성과 인간의 가치

성에 대한 토론: 여섯 어머니의 여섯 가지 의견

십 대 아이들 문제로 몹시 속을 태우던 어머니 여섯 사람이 모여 공통의 관심사를 가지고 이야기를 나누었다. 주제는 성이었다. 어머니들은 모두 같은 지역에 살고 있었는데, 이 까다로운 문제에 대해서는 제각기 생각이 달랐다. 아래에서 이를 명확하게 확인할 수 있다.

A 부인　난 엄격한 구식 가정에서 자랐어요. 우리 집에서는 성을 주제로 대화를 한 적이 한 번도 없었어요. 사랑은 영혼과 관계가 있는 개인적인 문제라고 생각했어요. 달콤한 사랑을 꿈꿨지만, 결코 그것을 어머니 아버지에게 말하지는 않았어요. 딸이 성에 대해서 질문할 때마다 난 정신이 온통 뒤죽박죽돼요.

B 부인　나도 똑같은 문제를 겪고 있어요. 십 대인 아들이 성에 대해 물을 때마다 내 얼굴은 홍당무가 돼요. 온몸이 얼어붙고, 말을 더듬거려요. 아무리 애를 써도 당황하며 허둥대요. 한번은 토끼 두 마리가 결혼했다는 말을 했더니 아들이 날 놀리더군요. 아들 앞에서는 아무리 해도 짝을 맺는다든지 성교를 한다든지 하는 낱말을 입에 올릴 수가 없거든요.

C 부인　나에게 성은 늘 수수께끼였어요. 난 무엇이 옳고 무엇이 그른지를 모르겠어요. 어머니는 틈만 나면 "남자들은 모두 똑같아. 한 가지밖에는 바라는 것이 없어."라고 말했어요. 난 어려서 성은 추한 것이라고

배웠어요. 내 아들과 딸은 성에 대해 그렇게 생각하지 않았으면 해요.

D 부인   우리는 이미 지나간 세계 속에서 살고 있고, 우리 아이들은 지금 현재의 세계에서 살아요. 지난 시절에는 자제가 미덕이었지만, 지금은 악덕이에요. 열아홉 살인 내 딸은 "정숙하게 굴다 간 처녀로 썩는걸. 순결은 영양실조와 다를 것이 없어."라고 말해요. 내 딸은 대학 2학년인데, 서로 사랑하기만 한다면 결혼 전에 성관계해도 좋다고 생각해요. 딸아이 위로 대학 4학년인 아들이 있는데, 한술 더 떠서, 서로 즐길 수만 있다면 사랑하지 않아도 성관계하는 건 문제가 되지 않는다고 생각해요. 그 아이의 설명에 따르면, 사랑하면서 성관계를 갖는 것이 좋지만, 사랑하지 않으면서 성관계를 갖는 것도 전혀 성관계를 갖지 않는 것보다는 좋다는 거예요.

E 부인   나는 개방적인 편이에요. 미덕이 처녀막을 보존하는 데 달려 있다고는 생각하지 않아요. 그러면서도 예쁜 내 딸이 걱정되는 것도 사실이에요. 예쁜 얼굴 때문에 이용당하지 않았으면 좋겠어요. 난 꽃처럼 예쁜 내 딸이 바보 같은 남자아이들의 장식물로 전락하는 것을 바라지 않아요.

A 부인   내 딸이 남자아이들을 가까이 하지 못하게 하려고 애써 왔어요. 십 대 여자아이들에게 일어날 수 있는 일에 대해서 사실대로 이야기하곤 했어요. 딸이 탈

없이 크길 바라기 때문이에요. 그런데 너무 심했던 건 아닌가 하는 걱정이 들기도 해요. 내 딸은 열일곱 살인데 너무 순진하거든요. 좀 더 세상 물정에도 밝고 사교적이었으면 좋겠어요.

E 부인 약간 '나쁜' 물이 들거나 성교육 같은 것을 받더라도 당신 딸에겐 도움이 될 수 있을 거예요. 도덕을 지키려면 알아야 하거든요. 모르면 지킬 수도 없어요. 난 십 대 아이들이 성 문제, 그러니까 성교, 임신, 피임에 대해서 알아야 한다고 생각해요.

B 부인 과거의 관습을 바꾸는 건 쉬운 일이 아니에요. 아무리 지식 교육을 받았다고 해도 난 여전히 성 문제 앞에서는 새침데기가 되거든요. 그러지 않았으면 좋겠는데 안 되는 거예요. 성의 평등과 의미 있는 남녀 관계에 대한 이 모든 이야기가 내게는 딱 한 가지 의미밖에 없어요. 혼전 성관계예요. 난 그걸 받아들일 수가 없어요. 난 지금도 여전히 혼전 성관계를 죄악이라고 생각해요.

D 부인 솔직하게 말해서 난 죄악을 예방하는 데에는 관심이 없어요. 난 딸이 행복하게 사는 데에만 관심이 있어요. 딸이 성숙했다면 어떤 행동을 하더라도 걱정하지 않을 거예요. 하지만 아직은 아니에요. 딸의 성적 욕구와 감성적인 성숙 사이에는 엄청난 차이가 있어요. 시간만이 이 차이를 메워 줄 수 있을 거예요. 그때까지 어떡하면 좋을까요?

E 부인　성에 대한 과거의 편견을 가르치는 일은 이젠 그만 둘 때가 되었다고 생각해요. 지금 십 대는 사랑에 빠져서 성교를 하고 있어요. 그런 그들에게 안전한 피임법을 가르쳐 주는 일 말고는 우리가 할 수 있는 것은 거의 아무것도 없어요.

C 부인　많은 젊은이가 피임을 원하지 않아요. 피임보다는 위험스럽게 사는 쪽을 선호해요. 모험을 하면서 특별한 흥분을 느끼니까요. 젊은 생명을 걸고 러시안 룰렛 게임을 할 정도예요.

D 부인　혼전 임신은 더 이상 미국의 비극이 아니에요. 내 딸이 그러는데, 여자아이들은 낙태가 필요한 친구를 위해서 모금을 한대요. 약을 넉넉하게 사 주기도 하고요.

B 부인　난 안전한 피임법이 난잡한 성관계를 증가시키는 데만 기여하지 않을까 걱정스러워요.

E 부인　난 피임법 때문에 성행위가 두 배로 더 늘어나더라도, 원하지 않는 임신을 절반이라도 줄일 수 있다면, 가치가 있다고 봐요.

B 부인　제가 다니는 교회에서는 혼전 성관계는 모두 죄악이라고 말해요.

E 부인　십 대 아이들에게 다른 것은 부족할지 몰라도, 성적 능력만은 차고 넘쳐요. 그런 능력을 어디에 써야 할까요?

F 부인　나는 순결을 소중하게 여기는 척할 수는 없을 것 같

아요. 내 딸이 혼전 성 경험이 전혀 없는 사람을 남편으로 맞기를 바라지도 않아요.

B 부인   당신 딸에게 많은 남자와 잠자리를 같이 하라고 부추겨서, 성 경험 면에서 미래의 남편에게 뒤지지 않게 할 셈인가요?

A 부인   아뇨. 전혀 그럴 생각은 없어요. 딸에게 성 경험을 쌓으라고 강요하지는 않을 거예요. 그 아이도 결혼할 때까지 기다릴 수 있을 거예요. 하지만 내 딸이 결혼 전에 성 경험을 한다면, 성교를 하는 것과 아기를 갖는 것이 어떻게 다른지 알았으면 한다는 거예요. 딸이 안전하길 바라니까요.

E 부인   사람들이 이중 잣대를 적용하는 데 신물이 났어요. 난 여성들이 진정으로 자유롭다면, 성교육과 피임을 공개적으로 받아들여야 한다고 생각해요. 내가 볼 때, 문제는 '순결 대 처녀성의 상실'이 아니라, '책임 있는 사랑 대 난잡한 성관계'예요.

A 부인   성의 자유, 뭐 좋아요. 하지만 내 딸에게만은 안 돼요. 내가 볼 때는 서로 겉모습에 반해, 에로틱한 분위기에 휩쓸리다가, 결국은 가슴이 찢어지는 슬픔만 겪을 거예요. 남자아이들에게는 성적 자유가 좋을지 몰라요. 하지만 여자아이들에게는 아니에요. 벌은 꽃에서 꽃으로 날아다닐지도 모르지만, 꽃은 벌을 찾아 날아다니지 못해요. 인디언 속담에도 있잖아요. "내 나무의 그늘은 나그네를 위해 있지만,

그 열매는 내가 기다리고 있는 사람을 위해 있는 것이다."

F 부인   어렸을 적에 내 방 거울에 헤밍웨이의 도덕적인 문구를 붙여 놓았어요. "도덕적인 행동은 훗날 생각하면 기분이 좋고, 도덕적이지 못한 행동은 훗날 생각할 때 기분이 좋지 않다." 나는 죄책감이나 양심의 가책 같은 것 없이 사랑을 나누었어요. 도덕과 윤리, 순결 따위에 얽매이지 않겠다고 작정했거든요. 그렇다고 해서 부모님의 감정에 무관심하지는 않았어요. 다만 그분들의 도덕적 판단에서 자유롭고 싶었을 뿐이에요. 십 대 딸을 둔 엄마로서, 지금은 혼란을 느껴요. 이성적으로는 결혼 전에 성관계를 갖고 싶어하는 딸의 생각을 받아들일 수 있어요. 하지만 난 거기에 대해서는 알고 싶지 않아요. 딸이 나에게 상담을 하거나 이야기하지 않았으면 좋겠어요. 물론 딸이 임신하는 것도 바라지 않고요.

C 부인   이번 주만 잘 넘기면 영원히 살고, 절대 죽지 않을 것 같은 생각이 들었어요. 사흘 전 일인데, 내 딸이 침대 위에 웅크리고 앉아서 갓난아기처럼 울고 있었어요. 성병에, 정확히 말하면 임질에 걸렸다고 하더군요. 그렇게 상냥하고 예쁜 린다가 말이에요. 아버지는 눈에 넣어도 아프지 않다고 하는 딸인데. 처음 충격을 받았을 때는 딸을 죽이고, 남자 녀석도 도륙을 낼 작정이었어요. 하지만 내면의 목소리가 경

고하더군요. '서둘지 마, 도움이 되는 방법을 찾아 봐. 일이 잘못되었으면 수습을 해야지.' 하고 말이에요. 그래서 딸을 달랬어요. "네가 성병에 걸렸는지 확실한 건 아니잖아. 의사가 말해 줄 거야. 일찍 치료를 받으면 임질은 나을 수 있어." 오늘 결과가 나왔는데, 린다는 감염되지 않았다는 거예요. 꼭 악몽에서 깨어난 것 같더군요. 하지만 지금까지 겪은 두려움과 공포, 수치심만으로도 엄청난 값을 치른 거예요.

D 부인 분명한 것은 성병과 임신의 두려움 때문에 젊은이들이 성관계를 멀리하지는 않는다는 사실이에요. 그래서 그들에게 성 문제를 처리하는 방법을 알려 주어야 해요. 아이들에게 지식도 전해 주고 보호도 해야 해요. 생명의 흐름을 가로막는 장벽을 설치할 수는 없지만, 세찬 물결 속에서 헤엄치는 방법을 가르쳐 줄 수는 있어요.

가치의 충돌

다음 논의는 가치들이 심각하게 충돌하는 모습을 보여 준다.

어떤 부모는 새로운 현실을 받아들일 때가 왔다고 생각한다. 그들은 성병, 원치 않은 임신, 추락한 평판에 대해서 걱정한다. 솔직한 성교육을 통해서 그런 위험에서 벗어나야 한다고 생각한다. 어떤 부모는 나이가 찬 십 대 아이들에게는 정보도 제공하고 피임법도 알려 주려고 한다.

다른 부모는 이것에 반대하며 분노를 감추지 않는다. 그와 같은 자유가 성적 방종을 부추길 것이라고 걱정한다. 일찍 성에 눈을 뜨면 문화가 위태로워질지도 모르기 때문에, 사회가 십 대의 성을 허용해서는 안 된다고 생각한다. 어떤 아버지는 이렇게 말했다.

"공부하고 지식을 쌓는 것이 청소년 시기의 주요 과제입니다. 이 과제를 완수하려면 본능을 꾹 눌러두는 것이 최선이에요."

어떤 부모는 성에 대해 토론하는 것만으로도 비위가 상하고 입맛이 씁쓸하다고 주장한다. 이렇게 말하는 아버지도 있다.

"어쩌면 성은 미국 통신 회사(AT&T)처럼 공공연한 것이 되어 버렸는지도 몰라요. 하지만 난 거기 끼고 싶지 않아요."

어떤 부모는 성에 대한 대화가, 비록 그 목적은 자제에 있다고 해도, 성적 행동을 자극하게 될 거라며 걱정한다. 이런 부모들은 지금처럼 사회의 관습이 변화하는 시대에도, 부모가 적절하게 본보기가 되면 반드시 십 대 아이들도 바람직한 행동을 하게 될 것이라고 철석같이 믿는다. 어떤 부모는 그것을 이렇게 표현했다.

"어른들 스스로 점잖은 몸가짐을 보여 주며 바람직한 행동을 요구할 때에만, 아이들은 우리가 바라는 대로 성장할 것입니다."

드러내 놓고 성을 지향하는 사회에서 어떻게 십 대들이 바람직한 기준을 유지할 수 있겠느냐 하는 것이 문제이다.

공공연한 역설

성 문제에 관한 한, 말보다는 태도가 목소리를 더 높이는 법이다. 성에 대한 우리 사회의 진정한 태도는 무엇일까? 높은 도덕성은 무엇을 두고 하는 말일까? 우리에게는 부자의 본보기가 있고, 이상적인 영웅이 있다. 어떤 것이 위대한 예술이고, 누가 뛰어난 과학자인지 우리는 안다. 그런데 우리 사회에는 도덕적으로 뛰어난 본보기가 없다. 생각이 깊은 십 대 아이라면 우리 사회에 널리 퍼진 공공연한 역설에 당황할 것이다.

한편으로 우리 사회는 성에 걸신이 들려 있고, 그 목적은 돈에 있다. 재미와 이윤을 위해서 스크린을 성으로 도배하고, 광고판을 더럽히고, 상업적으로 고객을 유혹하는 데 성을 이용한다. 그와 반면에 우리 사회는 혼전 금욕을 지켜야 한다고 말한다. 이런 상황이 갈등을 낳고 긴장을 불러일으킨다. 열여덟 살 된 한 아이는 이렇게 말했다.

"사람을 자극하는 수단을 공공연하게 인정한 사회가, 개인적으로 그 자극을 해소하는 수단을 금지한다는 건 있을 수 없는 일이다."

〈타임〉지 1967년 11월 27일 자에 실린 한 편지는 이 딜레마를 이렇게 표현하고 있다.

희극을 보면 웃을 수 있다. 비극을 보면 울 수 있고, 분통이 터지면 소리를 지를 수 있다…. 그런데 성적으로 날 자극하는 연극을 보고 난 다음에는 어떻게 하면 좋겠는가?

흔들리는 금기

삶과 문학 양쪽 모두에서 성의 금기들이 흔들리고 있다. 우리

시대를 대변하는 속성은 솔직함과 자유이다. 성은 더 이상 금지된 주제가 아니다. 학교에서 성을 가르치고, 가정에서 이에 대해 이야기를 나눈다. 교회에서도 현실에 비추어 도덕을 재평가하고 있다. 그리고 현실적으로 성은 늘 대중적인 주제였다.

어떤 사회에서는 유혹에 노출된 청소년이 이에 굴복하는 것을 당연하게 여긴다. 그런 까닭에 남자아이들은 의심을 받고, 여자아이들에게는 보호자가 따라다닌다. 지금 우리 사회를 보면, 남자아이들은 자동차를 가지고 있고, 여자아이들에게는 자유가 있다. 이야말로 유혹에는 최상의 상황이지만, 감시에는 최악의 조건이 아닐 수 없다. 부모는 아직도 청소년들이 낡은 규율을 따라 주기를 바라지만, 이는 비현실적인 바람이다.

과거에는 '괜찮은' 여자아이는 순결을 고집했다. 끈질기게 조르는 남자 친구를 만나면, 껴안고 애무하는 것까지는 허락했다. 거기까지가 그 여자아이가 양심과 사회를 걸고 타협할 수 있는 한계였다. 지금 많은 십 대들은 이런 해결책에 의문을 제기한다. 남자아이들은 화를 낸다. 잔뜩 흥분만 시켜 놓고 내팽개치는 꼴이 되기 때문이다. 여자아이들도 화를 낸다. 남자 친구가 자꾸만 집적거리기 때문이다. 한 여대생은 이렇게 말했다.

"끝없이 애무만 하기보다는 차라리 성관계를 가지는 것이 더 나아요. 그것이 더 솔직하고 편안하고 게다가 시간도 덜 걸리기 때문이에요."

순결을 지키고 싶어 하는 여대생들은 일정한 선을 지키기가 어렵다고 생각한다. 많은 남자아이가 그런 여자하고는 데이트하고 싶어 하지 않는다. 또 어떤 여자아이들은 그런 여자를 촌스러운 사람으로 취급한다.

'결혼 때까지 순결을 지키는 것'을 진지하게 고민하는 사람들은 사회적으로 소외감을 느낀다. 그런 압력을 받게 되면, 처녀들도 자신이 과연 정상적인 사람인지 의심하기 시작할 것이다. 유혹과 조롱을 받으면서도 자신의 원칙을 지킬 수 있는 사람은 단호한 의지를 가진 사람뿐이다. 많은 여자아이가 결국은 굴복하게 된다. 내면의 욕구 때문이 아니라 압력 때문이다. 과거에는 순결을 고집하는 핑계로 임신의 두려움을 내세웠다. 하지만 지금은 그런 핑계가 통하지 않는다. 심지어 슈퍼마켓에서도 콘돔을 팔고 있고, 피임용 알약과 질 좌약도 쉽게 구할 수 있다.

이성과 깊은 관계를 맺을 준비가 되어 있지 않은 십 대 아이들은 또래 아이들에게 괴롭힘을 당한다. 어른들까지 그런 기대를 할 때는 자신을 비정상이라고 생각하게 된다. 예민한 이상주의자인 열여덟 살짜리 아들을 둔 아버지는 아들에게 이렇게 말했다.

"이번 여름에 네가 멋진 여자아이를 만나서 뜻깊은 사랑을 나누었으면 좋겠다."

이런 말은 아이에게 전혀 도움이 되지 못한다. 이성과 성적으로 깊은 관계를 맺을 준비가 되어 있지 않으면서도, 아들은 아빠를 실망시키지 않으려면 거기에 몰두해야 할 것 같은 압박감을 느낀다.

왜 성교육이 필요한가

십 대들은 성에 대해서 배울 수 있는 것은 무엇이든 배우려고 열심이다. 성에 대해서 고민하며 어쩔 줄 몰라 당황한다. 현실적이고 인간적인 답변을 원하며, 성에 대해서 진지하게 토론할 기회가 생기면, 자유롭고 분별력 있게 이야기한다. 그들은 기준과 의미를 찾고 있다. 자신의 성적 특질을 인정하고 받아들여, 그것을 총체적 개성으로 통합하고 싶어 한다.

십 대들에게 성교육을 해야 하는가? 이런 질문을 하기에는 이미 때가 늦었다. 우리 사회는 이미 스크린을 통해서, 학교 운동장에서, 거리에서 그들에게 성교육을 시키고 있다. 우리 아이들은 언어와 그림을 통해서, 더러는 조잡하기도 하고 속물적이기도 한 성에 노출되어 있다. 우리 사회는 거리에서 끊임없이 성에 대한 왜곡된 정보를 제공하고 있다. 외설물을 판매하는 사람들은 절대 머뭇거리지 않고 성에 관한 '사실'과 감정들을 나누어 주려고 한다. 조숙한 아이들은 실제 경험과 상상 속의 경험을 놓고 즐겨 이야기를 나눈다. 성적으로 민감한 정보를 나누는 것을 두려워하는 사람들은 부모와 교사뿐이다.

열일곱 살 셀마는 이렇게 말한다.

"성에 대해서는 우리 엄마에게 아무것도 물어볼 수가 없어요. 그렇게 했다간, 왜 그런 것을 묻는지 의아하게 생각하기 시작하거든요. '뭘 알고 싶은데? 만일 네가….' 하면서 엄마 주장을 늘어놓기 시작해요."

열네 살 줄리엣은 이렇게 말한다.

"우리 엄마는 몰라야 순결을 지킬 수 있다고 믿고 있어요. 성에 대해서 질문을 하기라도 하면 엄마는 길길이 뛰어요. '네가 알아야 할 것은 모두 네 남편이 가르쳐 줄 거야' 하면서 말이에요."

열여덟 살 된 루이스는 이렇게 말한다.

"난 부모님한테서 이중 메시지를 받고 있어요. 하나는 '그렇게 행동하지 마. 말썽에 휘말리게 될 거야.'이고, 다른 하나는 '젊을 때 즐겨야지'라는 거예요. 엄마 아빠가 결단을 내려 주면 좋겠어요. 성이 좋은 것이면 좋다고 말하고, 나쁜 것이면 우리를 유혹하고 자극하고 혼란스럽게 하지 않았으면 좋겠어요."

열다섯 살 조슈아는 이렇게 말한다.

"우리 아빠는 항상 솔직하고 진실하다고 자화자찬을 늘어놓아요. 그런데 아빠의 정직함은 성 이야기를 시작하면 중단되고 말아요. 내 솔직함이 환영받지 못하는 곳은 성 문제뿐이에요."

대학 2학년인 열아홉 살 나탈리는 이렇게 말한다.

"우리 엄마 아빠와 나는 무언의 규칙으로 보호를 받으며 살고 있어요. 깊게 묻지 않으면, 사실대로 대답하지 않는다는 규칙이에요. 우리 부모님은 정말 무슨 일이 일어나고 있는지 알고 싶어 하지 않아요. 말을 할 수도 없어요. 난 소위 말해서 전통적인 도덕을 갖춘 착한 아이예요. 먼저 날 친구답게 사랑해 주는 친구를 찾기가 어려워요. 나도 이성 친구를 만나고 싶어요. 처음 몇 번 만날 때는 즐거워요. 그런 다음에는 압력이 가해져요. 술을 마시고 마리화나를 피우는 파티에 초대를 받아요. 아이들은 잠자리를 같이하는 것을 당연하게 여겨요. 아이들은 이렇게 말해요. '잠자리를 같이하면 세상이 너를 향해 미소를 지을 거야. 그렇게 하지 않으면, 너 혼자 통곡하게 될 거고.' 그래서 난 두 눈에 눈물을 가득 머금은 채 순결을 지키고 있어요."

스무 살 조나단은 이와 같은 냉소적인 상황을 인정한다. 그는 이렇게 말한다.

"남자 대학생에게 성은 성숙함과 남자다움의 상징이지만, 여자 대학생들에게 성은 인기도 없이 외롭게 지내지 않으려고 선택하는 안전장치예요."

위에 나온 이야기를 통해서 우리는 왜곡 선전되는 성에 관한 해독제 역할을 할 수 있는 성교육이 필요하다는 사실을 알 수 있다. 사회는 거리와 스크린 위에서 성의 기준이 정립되는 상황을 더 이상 수수방관하면 안 된다.

정보와 가치

성교육은 두 부분으로 이루어진다. 정보와 가치가 그것이다. 가치는 집에서 가장 잘 배울 수 있다. 정보는 전문가한테 얻는 것이 제일 좋다. 성에 대해 알고 싶어 하는 아이들이 괴롭고 난처한 질문을 할 때, 쩔쩔매는 부모들이 더러 있다. 그런 질문은 피해 가도 된다. 성에 대한 질문 모두가 꼭 성에 대해 진정으로 알고 싶은 마음에서 우러나는 것은 아니다. 부모를 성가시게 하고 당황하게 하려는 질문도 있다. 자극적인 질문까지 부모가 일일이 다 대답할 필요는 없다. 그런 질문 앞에서 품위를 지키고 불쾌감을 드러내는 것도 부모의 권리이다. 특정한 질문에 대한 정보가 부족한 것은 부모도 어쩔 수 없는 일이다. 아이들이 진정한 마음으로 정보를 얻고자 할 때는 어떻게 해야 하는가? 반복해서 말하지만, 지식이 부족해서 만족스럽지는 못하더라도 반드시 대답을 해 주어야 한다.

다른 질문들은 전문가에게 의뢰하여 대답을 얻는 것이 가장 좋다. 부모는 십 대들이 학교, 교회, 지역 문화센터에서 열리는 성 문제 토론에 참가하도록 격려해 주어야 한다. 객관성이 있고 정직하게 전달된 정보가 있으면 세대 간의 적대감이 완화되고 신뢰가 높아질 수도 있다. 어른들은 청소년들에게 다시 믿음을 가질 수 있다. 십 대들은 세대 차이는 있지만 어른에게도 보편적인 인간성이 자리 잡고 있다는 사실을 깨달을 수 있다.

열여덟 살 제이슨은 대학에서 돌아와 집에 머무는 동안 삶과 사랑에 대해서 아버지와 이야기를 나누었다. 제이슨은 말했다.

"남학생들과 여학생들이 정말 다르다는 걸 깨달았어요. 여자들은 성관계를 사랑을 얻는 수단으로 생각하는데, 남자들은 사랑을 성관계를 하는 수단으로 생각하는 거예요."

그러면서 점잖게 담담한 표정을 지으며 말을 이었다.

"사랑한 다음에는 떠나라, 그것이 내 철학이죠."

아버지는 이렇게 물었다.

"너와 다른 남자들이 그 여자를 사랑한 다음에 떠난다고 하자. 그 여자는 어떻게 되는 거니?"

"그건 내 문제가 아니라서, 생각하지 않으려고 해요."

아버지는 이렇게 말을 이었다.

"한번 생각해 보자. 동양 속담에, 사람의 목숨을 구해 주었으면, 그의 삶에 대해서 책임을 져야 한다는 말이 있다. 네가 무슨 방법을 동원해서 한 여자를 유혹하고 사랑을 나누기까지 했다면, 너와 그 여자의 감정 사이에는 관계가 형성되는 거야."

제이슨의 아버지는 근본적인 원칙을 강조했다. 모든 인간관계의 바탕에는 정직함과 책임감이 있어야 한다. 단순하든 복잡하든, 사교적이든 성적이든 관계없이 어떤 상황에서든 개인은 성실하고 진지해야 한다.

열여덟 살 된 한 여자는 이렇게 말했다.

"오로지 사랑만이 성관계를 정당화해 줘요. 그래서 난 항상 사랑에 빠져 살아요."

성에 대해 이렇게 냉소적으로 접근하는 데는 사회적으로 그만한 사연이 있기 때문이다. 성적으로 강한 욕망을 느낄 때, '착한' 여자는 죄책감과 수치심을 느낀다. 그런 정열을 정당화할 수 있는 유일한 방법은 사랑에 빠지는 것이다. 그래서 '빠지게' 된다. 죄책감이 사랑에 대해 환상을 갖는 동기로 작용한 것이다. 실제로든 상상에서든 사랑을 함으로써 죄책감은 속죄를 받는다.

십 대 여자들이 달콤한 사랑 앞에서 그렇게 쉽게 '경계'를 허무는 이유의 하나가 바로 거기에 있다. 사랑한다는 말이 사랑의 행위를 정당화해 주기 때문이다. 그들은 사랑하기 때문에 사랑을 나누었다고 확신하면서, 상대 남자도 그랬을 것이라고 생각한다. 하지만 '반드시 그렇지는 않다' 여자아이들은 그것을 알아야 한다.

남자아이는 여자와 다르게 양육된다. 남자아이는 사랑하지 않으면서도 성관계를 할 수 있으며, 특정한 여자가 없는 상태에서도 자주 성적인 흥분을 느낀다. 그럴 때면 그걸 해소할 대상을 찾는데, 거의 모든 여자가 그에게 '상대'가 될 수 있다. 이중의 기준이 있기 때문에 남자아이는 사랑에 빠지지 않고도 성관계를 할 수 있다. 즐겁게 지내라, 하지만 여자아이를 집으로는 데려오지 말라는 말은 익히 알려진 아버지의 충고이다.

여자아이들은 자신이 도구로 이용되지 않도록 해야 한다. 이것이 그들의 과제이다. 남자아이들은 여자를 도구로 이용하지 말아야 한다. 이것은 그들의 의무이다. 남녀 아이들 모두 사랑과 성의 문제에서 모든 것이 다 공정하지는 않다는 사실을 알고 있어야 한다. 여자아이가 남자아이를 집적대고 자극한다면, 이는 공정치 못한 일이다. 결정을 내리는 부담을 모두 여자아이에게 떠넘긴다면, 이 또한 공정치 못한 일이다. 과거의 예를 보면, 남자아이들은 상대가 마음의 준비는 되었는지, 자신은 책임감을 느끼는지 따져 보지도 않은 채, 여자아이들이 가만히 있으면 무작정 관계를 밀고 나가려고 했다. 우리는 청소년들에게 그런 문제에 정직하게 대처하는 방법을 가르쳐야 한다. 책임감에 대해서 마음을 열고 이야기를 나누면, 십 대들도 사랑과 삶에 대해서 현명한 결정을 내릴 수 있는 능력이 향상될 수 있다.

자위행위

"전염병, 전쟁, 천연두, 그와 유사한 그 어떤 재앙도 자위행위 습관보다 더 인간성에 재앙을 불러일으키지는 않았다."

이는 1885년에 출판된 의학 저널에 실린 글이다. 이 글에 따르면 자위행위가 암과 심장 질환, 히스테리, 경련, 발기 불능, 불감증, 정신병을 일으킨다고 되어 있다. 오늘날 우리는 자위행위가 참혹한 질병은 고사하고 여드름의 원인조차 되지 않는다는 사실을 알고 있다. 하지만 자위행위는 아직도 많은 십 대들에게 불안의 원인이다. 그것을 피하기 위해서 그들이 조숙한 성관계를 가지려고 하는지도 모른다. 성관계를 갖고 나면 더 우쭐한 기분을 느낄 수 있고, 죄책감도 덜 느끼기 때문이다.

성관계는 다른 어떤 세대보다 십 대에게 더 심각한 문제로 부각된다. 십 대들의 욕망은 쉽게 자극을 받는다. 십 대는 성적 욕망이 절정에 달한 시기이다. 아이들을 자극하는 요인들이 곳곳에 널려 있다. 그런데도 성관계는 금지되어 있다. 자위행위가 욕망을 발산하는 일반적인 출구가 된 까닭이 거기 있다.

자위행위는 몸의 욕망을 해소해 주기는 하지만, 정신을 만족시키지는 못한다. 몸으로 친밀함을 표현하고, 사랑하고, 사랑을 확인하려는 갈망을 충족시키지는 못한다. 자위행위의 문제는, 그것으로는 관심 있는 사람을 만나지 못한다는 말에도 부분적인 진실이 있다.

그만큼 자위행위는 자기중심적이다. 혼란스러운 고립 상태에서 자기 이외에 그 누구도 즐겁게 할 필요가 없는 것이 자위행위이다. 강렬한 육체적 친밀감은 없지만 거짓 자율성은 있다. 십 대는 자위행위를 통해 상상력이 원하는 대로 곧장 전 세계를 손에 넣을 수 있다. 이런 환상 때문에 파국이 오지는 않는다. 그렇다고 그것을 승리라고 할 수는 없다. 일시적으로 긴장을 해소하는 데는 자위행위가 도움이 되지만, 노력과 탐험이 필요 없는 손쉬운 대체물이 될 수도 있다.

다시 말하면 실망과 패배감을 피하기 위한 준비된 위안일 수도 있다는 것이다. 그러나 십 대 아이가 만족을 얻는 주요 원천이 인간관계와 사교 활동에 있다면, 자기만족은 별문제가 되지 않는다. 자위행위는 부수적인 해결책에 지나지 않는다.

부모와 피임약

한 어머니가 심리학자에게 열여덟 살 딸에 대해서 상담을 해 왔다. 딸이 다른 주에 있는 대학에 다니느라 집을 떠나 있는데, 피임약을 보내 달라고 부탁했다는 것이다. 어머니 마음은 두 갈래였다. 그녀는 말했다.

"난 내 딸을 알아요. 사랑에 빠져서 성관계를 하려고 할 거예요. 피임약이 있으면 최소한 임신은 피할 수 있겠지요. 하지만 내가 범죄의 공범자, 범죄를 저지르도록 한 사람이라는 기분을 지울 수가 없어요."

심리학자는 대답했다.

"들어 보니 당신 말에는 이런 뜻이 담겨 있어요. '난 딸의 부탁에 공감한다. 하지만 떳떳하지 못한 공범 관계에 동조하고 싶지는 않다. 딸의 부탁을 들어준다면, 진심으로 공감하지 않는 행동을 허락하는 꼴이 된다.'

당신은 자신의 질문에 '아니오'라고 대답했어요."

부모에게 피임 도구에 대해서 묻는 십 대 아이들이 있다. 바로 그런 질문 자체가 그들이 아직 성인이 될 준비가 덜 되어 있다는 것을 보여 주고 있다. 어른이라면 자기 부모에게 책임을 떠넘기지 않으며, 자기 짐은 자기 어깨 위에 짊어진다. 결정을 내리고 그 결과를 받아들인다. 걱정이 있어도 참고 견디고, 죄책감을 수습하면서 자기 행동을 통제한다. 성장에 따르는 그와 같은 고통 없이는 아이가 어른이 될 수 없다. 십 대들에게 피임약을 선물하는 부모는 그들이 반드시 겪어야 할 경험을 하지 못하게 막는 셈이다. 내면의 투쟁이 없으면 내면의 발전도 없는 법이다. 어른이 되기 위해서 십 대들이 겪어야 할 것이 있다면 그것은 어른다운 감정과 그에 따르는 책임이지, 어른을 흉내 내는 몸짓이 아니다.

성숙한 사랑

사랑은 단순히 감정이나 열정만의 문제가 아니다. 사랑하는 사람과 사랑받는 사람 모두에게 성장을 촉진하고 삶을 윤택하게 하는 체계화된 태도와 연속된 행동이 바로 사랑이다. 낭만적인 사랑은 맹목적일 때가 많다. 낭만적인 사랑은 사랑받는 사람의 장점을 인정하지만, 약점을 보지 못한다. 그와 반대로 성숙한 사랑은 상대방을 이용하려고 하거나 소유하려고 하지 않는다.

각자는 자기 자신의 소유이다. 그런 사랑은 상대에게 자기 자신을 가장 잘 실현할 수 있는 자유, 최고의 자아에 이를 수 있는 자유를 준다. 그런 사랑은 관계 안에 머물면서, 분노와 고뇌의 시간에도 어려움을 극복하기 위해 전념한다. 사랑과 성은 같은 감정이 아니다. 하지만 현명한 사람은 그 둘을 결합하는 법을 터득하려고 노력한다.

11

운전, 음주, 마약

십 대의 운전과 부모의 걱정

십 대들이 자동차를 운전해야 하겠는가? 기술과 배짱으로 차를 운전하는 열여섯 살짜리 아이들도 있다. 그들은 부모보다 더 솜씨 있게 차를 운전한다. 그와 반대로 열여덟 살이 되었는데도 여전히 야무지지 못한 아이들도 있다. 그런 아이들에게 차를 운전하게 하는 것은 무책임한 행동이다. 십 대 운전자에게 자유와 책임을 얼마나 주어야 하는지를 놓고 부모가 고민하는 것은 놀라운 일이 아니다.

부모 몇 사람이 모여서 십 대의 운전 문제로 토론을 벌였다. 부모들은 불안감을 드러냈고, 문제를 설명하며 해결책을 찾으려고 했다. 다음은 부모들이 나눈 이야기 가운데 몇 가지를 고른 것이다.

A 부인   지난주에 내 아들이 운전면허 시험에 합격했어요. 그 이후로 저는 잠을 잘 수가 없어요. 아들은 어제 처음으로 제 차를 직접 운전했어요. 왜 그렇게 시간이 더디 가는지, 내 생전 어제처럼 차에 있는 시간이 그렇게 길게 느껴진 적은 없었을 거예요. 차를 넘겨주었더니 아들 녀석은 놀라더군요. 자동차 운전 학원에서 믿고 합격시켜 주었는데, 그 믿음을 내가 어떻게 부인할 수가 있겠어요?

B 부인   당신 이야기를 듣고 보니, 정부에서 운전면허를 발급하는 것이 천만다행이라는 생각이 드는군요. 만일 운전면허증을 발급하는 게 엄마들 책임이었다면, 우

리 아이들은 절대 자동차를 운전할 마음의 준비를 하지 않을 거예요.

C 부인   내 아들은 어찌나 운전을 무모하게 하는지 몰라요. 그 친구들도 마치 미친 사람처럼 자동차를 몰아요. 아이들이 북적거리는 거리로 차를 몰고 나가 도로 여기저기를 누비고 다니다가, 모퉁이에서 미끄러지듯 차를 운전하면 멋지다고 생각하는 거예요. 사람들이 자기들 운전 기술을 보고 감탄이라도 해 주길 바라나 봐요.

D 부인   내 아들은 뭐에 씐 사람처럼 자동차를 마구 운전해요. 차를 몰고 거리를 돌아다니며 다른 차에 바짝 붙어 그 차 운전사와 이야기를 나눠요. 경찰에게 걸리면 깜짝 놀라서, "나쁜 짓 하지 않았어요. 그냥 이야기만 나누었을 뿐이에요."라고 변명하지요. 그 애는 질서를, 심지어는 교통질서를 지키는 것조차도 자기가 약하다는 증거라고 생각해요.

E 부인   열여섯 살 된 아들이 있는데, 우리는 아이에게 운전을 못 하게 해요. 신문을 읽어 보면 알 수 있듯이 사고를 당할 수도 있으니까요. 아들이 자동차를 몰고 나갈 때마다 십년감수하며 걱정하긴 싫어요. 대학에 가면 그때는 선물로 차를 한 대 줄 거예요.

F 부인   나는 열다섯 살 된 딸이 남자 친구 자동차를 타는 건 못 하게 해요. 걷는 데이트는 허락해요. 대중교통을 이용하거나 두 사람이 탈 수 있는 자전거를 타고 데

이트하는 것도 괜찮아요. 앞뒤 생각 없이 차를 운전하는 남자아이들 손에 내 딸의 생명을 맡기지는 않을 거예요.

G 부인　우리는 열일곱 살 된 아들에게 자동차를 사 줘야 하는지 말아야 하는지를 놓고 다투고 있었어요. 그러다가 한 기사를 읽게 되었어요. 차를 갖는다고 해서 성적이 좋아지는 건 아니라는 기사였어요. 난 아들에게 이렇게 말했어요. 차를 가지려면 비용이 많이 드는데, 돈을 벌려면 좋은 교육을 받아야 한다, 좋은 교육을 받으려면 당분간 차를 갖는 것을 포기할 수밖에 없다고 말이에요.

H 부인　운전이 내 아들에게는 좋은 영향을 끼쳤어요. 책임감이 더 커지고, 대하기도 훨씬 수월한 아이가 되었어요. 가족이 타는 자동차를 운전하기 위해서 내 아들은 숙제와 허드렛일 같은 것도 제시간에 하려고 해요. 아들이 차를 잘 보살핀다는 사실도 인정하지 않을 수 없고요. 아들이 하는 소리를 들었는데, 차를 좋아하는 만큼 뭔가를 좋아한다면, 그걸 사랑하는 거나 다름없다고 하더군요.

I 부인　아들이 가족이 타는 자동차를 운전하게 해 달라고 하니까, 남편이 아들에게 계약서를 내밀었어요. 아들에게 아래 내용에 대해서 책임지겠다는 서명을 하라더군요. 흙받기 점검하기, 연료 탱크에 연료 넣기, 바퀴에 바람 넣기, 기름·전지·냉각수 점검하기, 제한속도

준수하기, 귀가 시간 지키기…. 남편은 "이와 같은 막중한 책임을 떠맡겠다면 차를 운전해도 좋아. 운전하지 않겠다고 해도 괜찮고. 결정은 네가 하는 거니까."라고 말했어요. 아들은 한숨을 쉬고 또 쉬더니, 그날은 집에도 늦게 돌아왔어요. 남편이 "차를 운전하는 특권에 대해서 다시 생각해 보기로 한 모양이구나" 하자, 아들은 미안하다면서 상황을 설명했어요. 그 이후로는 충돌할 일이 거의 없었어요.

청소년 운전자들에게 필요한 기준

부모라면 모두 십 대 아이가 경험 있고 책임감 있는 운전자가 되길 바란다. 하지만 부모가 도와주지 않으면 그렇게 될 수가 없다. 십 대에게 책임감 있게 운전할 기회를 줄 필요는 있다. 그리고 분명한 한계와 적당한 규제를 정해야 한다. 자동차는 십 대에게 특유한 상징적인 가치가 있다. 자동차는 어른이 되었다는 징표이며, 자유와 힘, 스피드와 흥분을 상징한다. 그래서 성숙하지 못한 아이들 손에 들어가면 위험할 수도 있다.

다음은 자동차 때문에 걱정하는 부모들이 모여 마련한 기준이다.

1   십 대 아이들은 누구나 운전자 교육과정을 수강해야 한다. 10학년 이전까지는 이른바 운전 수업을 받으면 안 된다.
2   고등학생 경우는 최소한 6개월 동안은 제한 면허로 운전한 다음에 정식 면허를 받아야 한다.

3 자동차를 소유할 수 있는 최저 연령은 열여덟 살로 해야 한다.
4 자동찻값을 치를 수 없고 자기 소득으로 자동차를 유지할 수 없는 십 대는 자동차를 소유해서는 안 된다. 유복한 가정에서도 특권에는 책임이 따라야 한다.
5 교통법규를 지켜야 한다. 교통 문제는 경범죄도 중범죄만큼이나 위험하다. 생명에 관해서는 두 번 세 번의 기회란 있을 수 없다. 운전하면서 어쩔 수 없이 위반해야 할 때는 신속하고 침착하게 대응해야 한다.
6 십 대 운전자들은 자신들의 법적·경제적 책임을 명확하게 알고 있어야 한다.

음주

법적·사회적 기준과는 관계없이 많은 부모는 알코올에 대해서 강한 반감이 있다. 이런 감정을 무시해서는 안 된다.

"열일곱 살 아이가 술을 마시는데 좋은 일인가요, 나쁜 일인가요?" 하고 소심하게 묻는 부모는 간단한 대답 그 이상의 말을 듣고 싶어 한다. 자신의 감정을 확실하게 정리할 수 있도록 도와주기를 바란다. 그래야 결론을 내릴 수 있기 때문이다.

십 대의 음주와 부모의 걱정

부모들 몇 사람이 만나 십 대의 음주 문제로 토론을 벌였다. 다음은 부모들의 의견이다.

A 부인   나는 지난 몇 달 동안 까마득히 속고 살았어요. 내

아들이 술을 마신다는 사실을 믿으려고 하지 않았어요. 아들을 철저하게 믿었거든요. 어젯밤 아들이 술에 취해서 왔더군요. 들어와서는 하는 말이, "얘들아, 나 취했어. 완전히 갔어." 이러는 거예요. 무슨 대단한 일이라도 해낸 사람처럼 굴더군요. 난 하마터면 졸도할 뻔했어요. 애 아빠가 보았다면, 무슨 일이 벌어져도 벌어졌을 거예요. 고민은 아들의 친구 대부분이 술을 마신다는 거예요.

B 부인   내가 걱정하는 것은 아들이 술을 마신다는 사실이 아니라, 술을 마시는 방법이에요. 내 아들과 그 친구들은 함께 모이기 위해서 술을 마시는 것이 아니라, 술을 마시기 위해서 함께 모여요. 음주가 목적이에요. 그들은 일주일 내내 계획을 세워 진탕 마셔요. 좀 더 나이가 들어 보이는 아이가 맥주를 한 상자 사오면, 다른 한 아이는 그들을 차에 태워 후미진 곳으로 데려가요. 그다음엔 서둘러 술을 마셔요. 꼭 취하기 위해서 마시는 것처럼.

C 부인   술을 마시지 못하게 하려고 해도, 우리가 할 수 있는 일이 거의 없어요. 술을 마신다고 꾸짖으면, 내 아들은 오히려 술에 대해서 알지도 못하면서 그런다고 대들어요. 음주의 위험에 대해서 지적하면, "늙은 의사보다는 늙은 술주정뱅이가 더 낫다"고 한 라블레의 유명한 얘기를 앞세우고요.

D 부인   우리는 가끔 열일곱 살 된 아들과 함께 칵테일을 마

셔요. 어둠침침한 뒷골목에서 몰래 모여서 마시는 것보다는 집에서 분위기를 만들어 놓고 술을 대하는 법을 배우는 것이 더 낫다고 믿기 때문이에요.

E 부인   아들이 술 마신다는 사실을 알았을 때, 아들에게 이렇게 말했어요. "술을 마시려거든 뒷길에 주차해 둔 차 안에서 마시지 말고, 차라리 집에서 마셔라." 그런데 아들은 집에서 아버지하고 맥주를 마시는 데는 흥미가 없어요. 친구들과 마시려고 해요. 그 아이들을 집으로 초대해서 술을 줄 수도 없어요. 그건 위법이니까요.

C 부인   우리가 무슨 말을 하든, 어떻게 하든 상관없이 십 대 아이들은 술을 마실 거예요. 우리에게는 아이들을 다스릴 재간이 없어요.

E 부인   난 술과 교통사고가 걱정스러워요. 술에 취한 십 대 아이들이 몰려다니며 못된 짓을 하면 어떡하나 싶어서 마음이 놓이질 않아요.

B 부인   책도 보고 기사도 읽어 보았는데, 모두 걱정할 필요가 없다고 하더군요. 술을 마시지 않는 가정의 아이들이 술을 마실 가능성은 적고, 음주를 해도 적당히 하는 가정에서는 술이 아이들에게 해를 끼치지 않는다는 거예요. 그런 글을 쓴 사람들에게 하고 싶은 말이 있어요. 열일곱 살 된 내 아들은 술을 물 마시듯 퍼마셔요. 술이 떠날 날이 없어요. 그 아이는 우리를 '구식'으로 취급해요.

D 부인   사람들은 우리더러 늘 십 대 아이들에게 알코올음료를 주지 말라고 해요. 우리가 안 주면, 아이들이 직접 술병을 들고 와요. 심지어는 교회 모임에서 주는 펀치에 술을 탈 정도니까요.

B 부인   눈감아서는 안 될 일을 부모가 묵인하는 때도 더러 있어요. 아이들이 펀치에 술을 섞거나 콜라병에 술을 가득 채우는 것을 보고 재미있어하는 태도를 보여요. 이는 음주에 반대하면서도, 무언중에 음주를 찬성하는 행동이나 다름없어요. 단호하게 나서서 자기 확신을 주장하는 게 두려운 거예요.

A 부인   남자아이들은 원래 용감한 행동으로 여자아이들을 감동하게 하려고 안간힘을 다하는 법이에요. 숭배를 받을 수만 있다면 뜨거운 석탄도 삼키려고 할 거예요. 폭음 정도는 문제도 되지 않아요.

E 부인   여자아이들은 우리에겐 딸이에요. 만일 여자아이들이 술 마시는 사람과 데이트를 하지 않겠다고 하면, 남자아이들은 술을 마시지 않을 거예요. 부모와 교사보다는 여자아이들이 그들의 행동에 더 큰 영향을 줄 수 있어요.

C 부인   술을 마신다고 아이들만 탓할 수는 없을 거예요. 지도자도, 목사도 술을 마시고, 우리도 마시거든요. 손님들이 오면 칵테일 파티를 열어 즐기지요. 술을 내놓아야 손님을 환대한다는 증표가 되잖아요. 어린아이들도 그걸 알아요. 우리 교회에서 열린 성탄절 전

야 프로그램에서 여관 주인 역을 맡은 소년이 대본에도 없는 말을 하더군요. "방이 없는데요. 하지만 들어와서 한잔하지 않겠습니까, 어때요?"라고 말이에요. 웃음을 참을 수 없었지만, 충격을 받기는 했어요.

왜 십 대 아이들은 술을 마시는가

십 대 아이에게 술은 성숙의 상징이다. 더 이상 순진하지 않다는 것을 과시하고, 권위에 맞서고 싶어서 술을 마신다. 음주는 용감한 행동, 남자다움의 선언, 어른이 되었음을 알리는 포고를 상징한다. 반항적인 십 대일수록 일찍 술을 입을 대고, 어른에게만 허용되는 즐거움을 누리고 싶어 한다. 권위에 맞서려고 술을 마시기 때문에 특별한 대응책은 없다고 할 수 있다. 술은 마음만 먹으면 구할 수 있고, 다른 것과 비교하면 비싸지도 않다. 술을 마시면 기분이 좋아지고 우쭐해지기도 한다. 겉으로 드러난 모습만 봤을 때는 큰 문제가 없다고 할 수도 있다. 술을 멀리하라고 십 대를 설득하는 일은 간단한 문제가 아니다.

예방책: 두 가지 방법

음주로 문제를 일으키는 많은 사람은 인격적으로 남다른 특징이 있다는 사실이 여러 가지 연구에서 밝혀졌다. 그들은 충동적이며, 남자다움을 지나치게 과시하려고 하고, 불안을 감추려고 하며, 남에게 의지하고 있다는 사실을 부정하려고 한다. 음주로 일어나는 문제를 예방하기 위한 두 가지 방법이 있다.

첫째, 청소년의 인격과 성격을 강화한다.

둘째, 술이 누리는 지위를 박탈한다.

숨어서 마시는 술은 뭔가 신비스러운 분위기를 풍긴다. 그러나 식탁에서 마시는 칵테일은 신비한 매력을 발산하지 않는다. 저녁 식사 때 정답게 주고받는 술은 우리에게 도피와 반항보다는 대화와 절제, 가족의 재치를 떠올리게 한다.

연방 정부의 한 보고서에서도 이런 취지의 내용을 찾아볼 수 있다. 국립정신건강연구소의 후원을 받은 한 위원회는 다음과 같이 제안했다. 교회 모임에서 청소년에게 알코올음료를 주어도 좋고, 대학 식당에서 맥주를 팔아도 되며, 미국 전역에서 합법적으로 술을 마실 수 있는 나이를 열여덟 살로 하는 것이 좋다고 말이다.

어떤 부모는 이런 제안을 보고 충격을 받을 것이다. 그들은 술을 완전히 금지해야 한다고 믿는다. 술은 마셔 봐야 불행해질 따름이므로, 술에 취하지 못하게 하려면 술을 절대 입에 대지 못하게 하는 게 유일한 방책이라고 생각한다. 다른 부모는 십 대가 술을 마신다는 사실을 받아들이고, 책임감 있게 술을 마시는 방법을 가르치려고 한다. 그들은 아이가 술에 대해 안전한 경험을 쌓고, 절제를 지키며 술을 마시는 방법을 배울 수 있는 곳은 집밖에 없다고 믿는다.

음주와 금주에 대한 기준

술을 마시거나 술을 마시지 않으면서 살아가는 방법을 터득하는 십 대에게 부모는 도움을 주어야 한다. 파티에 술이 나왔는데, "아니, 마시지 않을래"라고 말하는 데는 용기가 필요하다. 사과하거나 설명하지 않고, 입씨름을 벌이거나 변명하지 않고 술을 거절할 방법을 배워야 한다.

열여섯 살 딸을 둔 어떤 아버지는 이렇게 말했다.

"'고맙지만 안 마실래' 했는데 그 말을 받아 주지 않는다고 생각해 봐. 그래서 단호하게 말해야 한다는 거야. 설명하거나 불평하지 마. '그냥 주스 한 잔!' 이렇게 주문해."

다른 아버지는 아들에게 이렇게 말했다.

"재미로 술을 마실 때는 기술이 필요해. 천천히 마시는 법을 배워. 벌컥벌컥 마시지 말고, 홀짝홀짝 마셔. 한 잔을 가지고 적어도 한 시간 동안 마셔야 해. 안주를 넉넉히 먹고, 뜸을 들이며 간격을 두고 마셔야 해."

어떤 어머니는 딸에게 이런 충고를 했다.

"파티에서는 술 마시는 문제로 남자 친구와 말다툼 벌이지 마. 말다툼한다고 상황이 좋아지지 않으니까. 술 마신다고 말리지 말고, 마시지 않는다고 놀리지도 마. 남자 친구가 술을 너무 많이 마셨거든, 다른 사람에게 부탁해서 널 집까지 태워 달라고 해."

다른 어머니는 아들에게 이렇게 말했다.

"우리는 집에서 저녁 먹기 전에 술을 즐기잖니. 그런데 어떤 부모들은 술 마시는 데 반대하거든. 그런 집에 초대받아 갔을 때는 술 달라는 말을 하지 마."

어떤 아버지는 아들에게 이렇게 충고했다.

"취한 거 같거든 차를 운전하지 마. 여자 친구에게 운전을 부탁하든지, 아니면 택시를 불러. 취하지 않은 친구에게 태워 달라고 하든가. 네 차는 우리가 아침에 가져올 수 있으니까."

다른 아버지는 딸에게 이렇게 말했다.

"누가 한잔 마시라고 한다고 때와 장소를 가리지 않고 술을 마시지는 마. 네가 결정을 내려. 술을 마시고 마시지 않고는 네 문제야. 네가 대답해야 해. 너 자신에게 물어봐. 지금 정말 술이 마시고 싶은지를 말이야."

어떤 어머니는 딸에게 이렇게 상담해 주었다.

"파티에 갔는데, 술을 마시지 않는 사람이 너 혼자뿐이더라도, 잔을 바꾸지는 마. 네 음료수 잔에 버찌를 하나 띄우고 천천히 홀짝홀짝 마시면 돼."

다른 어머니는 아들에게 이렇게 말했다.

"술을 마시고 있는데, 방이 빙빙 도는 것 같으면 잔을 내려놓고 다른 음식을 먹어. 그리고 운전을 하면 안 돼."

고대 유대인 전설에서는 절제된 음주와 무책임한 음주의 차이를 이렇게 이야기한다.

노아가 포도나무를 심을 계획을 세우자, 사탄이 와서 술의 효력에 대해 일러 주었다. 그는 양과 사자, 원숭이와 돼지를 도살해 놓고 설명했다.

"포도주 첫 잔에 그대는 양처럼 부드러워지고, 두 번째 잔은 그대를 사자처럼 용감하게 해 줄 것이다. 세 번째 잔을 마시면 원숭이처럼 행동하고, 네 번째 잔은 그대를 돼지처럼 진흙탕에서 뒹굴게 할 것이다."

십 대는 누구나 술이 인격과 행동에 끼칠 수 있는 영향에 대해 알아야 한다.

마약의 악몽*

아이가 십 대가 되면 부모는 밤잠을 제대로 이루지 못한다. 성, 담배, 술, 운전처럼 오래전부터 부모를 괴롭혔던 문제 말고도, 요즘에는 마약의 공포가 새로이 부모를 괴롭힌다. 과거에는 마약은 주로 빈민가에서만 문제가 되었다.

오늘날에는 부유한 지역에서도 심각한 문제가 되고 있다. 중산층 가정의 부모들도 마약에 대해서 순진한 생각만 하고 있을 수 없게 되었다. 재앙이 문턱을 넘어서고 있는데, 모르쇠로 일관한다고 천국이 지켜질 리 만무하다.

정신과 감정에 영향을 끼치는 마약을 시험 삼아 해 본 청소년이 수백만 명이나 된다고 한다. 대부분은 한두 번 해 보고 그만두지만, 어떤 아이들은 그걸 계속하다가 '마수에 걸리게' 된다. 어떤 상황에 빠져 있는지 깨닫기도 전에, 자신이 화학약품에 빠져 오도 가도 못 한다는 것을 알게 된다. 십 대가 펼치는 세상에서 마약도 한 부분을 차지하게 되었다.

---

* 우리나라에서는 미국처럼 청소년들의 마약 문제가 심각하지는 않다. 그러나 마약은 한번 빠져들면 헤어나기가 쉽지 않기 때문에 부모는 아이가 마약에 호기심을 보이거나 관심을 가지는 것에 긴장하면서 대처해야 한다. 국내에 소개된 마약류는 크게 네 가지로 분류할 수 있다. 대마(마리화나), 마약(양귀비, 아편, 모르핀, 헤로인, 코데인, 코카인), 향정신성의약품((메스암페타민(Methamphetamine 일명 히로뽕), 엑스터시(Ecstasy, XTC, MDMA, 일명 도리도리), 엘에스디(LSD), 야바(Yaba), GHB(일명 물뽕)) 그리고 기타 분류로 러미라정(기침약), 날부핀 주사액(진통제), 바르비탈류(수면, 진정제) 들을 들 수 있다.

암페타민(각성제), 바르비투르산염(최면용 진통제), 사이키델릭(환각제), 나르코틱(최면제)을 먹는 아이들이 있는가 하면, 그런 약에 대해 이야기하는 아이들이 있다.

어떤 아이는 쾌감을 얻으려고 마약에 손을 댄다. 본드 냄새를 맡고, 가스를 마시고, 마리화나를 피우고, 약을 삼키고, 헤로인을 주사하기까지 한다. 황홀한 기분을 느낄 수 있는 일이라면 뭐든 가리지 않는다. 위험에도 맹목적이며, 경고해도 쇠귀에 경 읽기다. 잃을 게 없다는 식으로 행동한다. 위험천만한 행동을 정당화할 때는 실존주의적인 구실을 들이댄다.

한 십 대 아이는 이렇게 말했다.

"오른쪽 방아쇠 위에 올려놓은 손가락이 까딱 잘못되기만 해도 세계가 풍비박산이 난다는 것을 우리 세대도 알고 있어요. 내일이 오지 않을 수도 있기 때문에 오늘을 위해 사는 거예요."

어떤 아이들은 담배 피우는 아이들이 담배를 대하듯 마약을 대한다. 한 십 대 아이는 〈뉴욕타임스〉에 이런 편지를 보냈다.

"열아홉 살에 대학 1학년생인 나는 전쟁에서 사살될 가능성에 직면해 있어요. 도시 거주자로서 폭동에서 살해될 위험 앞에 놓여 있어요. 위험한 총잡이 손에 살해될 위험 앞에 서 있고, 핵무기의 대량 살상의 소용돌이 속에서 소멸할 위험 앞에 있어요. 미국암협회는 진정으로 내가 흡연의 위험을 걱정할 거라고 기대할까요?"

또 어떤 아이는 책임 회피 철학을 다음과 같이 요약했다.

"타이타닉호에 승선을 예약했다면 굳이 3등 선실로 여행할 이유는 없어요."

LSD: 믿을 수 없는 여행

어려운 문제가 있을 때, LSD에서 손쉬운 해결책을 찾는 십 대들이 있다. 그 해결책이란 단순한 환상에 지나지 않는데도, 마치 현실인 듯한 생생한 느낌을 준다. 마약을 복용하면 순간적으로 신비한 세계가 펼쳐지고, 별안간 구원이 다가오며, 금방 마음이 너그러워진다.

마약을 복용하는 사람들은 마술의 세계를 다스리는 기분, 한없이 넓은 사랑, 예술의 힘을 느낀다고 주장한다. 그들은 색깔의 소리가 들리고 음악의 색깔이 보이는, 시간을 초월한 꿈의 세계를 이야기한다.

1957년에 이미 마약류의 효능에 대해서 예고한 사람이 있었다. 올더스 헉슬리가 그 사람이다. 뉴욕과학아카데미 회원들 앞에서 강연하면서 그는 이렇게 말했다.

"약리학자들은 대부분의 인류가 그전에 한 번도 누려 보지 못했던 것을 우리에게 안겨 줄 것입니다. 사랑을 담은 상냥함, 마음의 평화와 기쁨을 우리에게 줄 것입니다. 우리가 아름다움을 원하면, 그들은 상상할 수조차 없이 풍부하고 의미 있는 환상의 세계로 통하는 문을 우리에게 열어 줄 것입니다. 삶이 영원하길 소망한다면, 그다음으로 가장 좋은 것을 줄 것입니다. 영원한 행복을 기적처럼 단 한 시간 속에 응축해 우리에게 줄 것입니다."

헉슬리의 예고는 절반만이 진실임이 입증되었다. 환각제는 황홀경과 마음의 평화를 불러오기도 하지만, 공포와 정신이상을 일으킬 수도 있다. 정신적으로 더할 나위 없이 안정된 사람들도 LSD를 복용하면 일시적으로 정신이상 상태에 빠질 수 있다는 증거가 있다. 인격적으로 불안한 사람이 복용하면 정신이상 상태가 더 오래 지속될 수 있다.

한 연구자는 이렇게 말했다.

"LSD는 모든 사람을 일시적인 정신이상 상태로 초대하며, 어떤 사람들은 영원한 정신이상 상태에 빠질 수도 있다."

LSD가 인간의 염색체에 피해를 줄 수도 있다는 증거도 몇 가지 있다. LSD의 위험에 관한 소식이 십 대에게 강한 충격을 주어서인지, LSD를 사용하는 추세가 줄어들고 있다.

마약류를 복용하는 사람의 자손은 선천적인 장애아로 태어날 위험이 있다.

LSD와 법

미국 연방 법률은 LSD를 불법적으로 생산하여 판매하는 행위를 엄격히 처벌하고 있다. 스무 살 미만의 사람에게 마약류를 판매하거나 제공하는 열여덟 살 이상의 사람에게는 징역 6년에 벌금 1만 5,000달러의 형을 선고한다. 몇몇 주에서는 LSD를 지닌 사람에게도 무거운 처벌을 내린다.*

마리화나: 찻잔 속의 폭풍?

---

* 이 법은 1969년 미국 연방법을 근거로 한 것이다. 국내에서도 LSD를 복용하거나, 보관·판매를 목적으로 가지고 있는 사람은 '마약류관리에대한 법률위반'으로 형사처벌을 받는다.

미국 연방 법률은 마리화나를 헤로인과 같은 강성 마약으로 취급한다. 마리화나를 가지고 있다 처음 적발되었을 때는 2~10년 형을, 두 번째 적발되었을 때는 5~20년 형을 받을 수 있다. 최소 형량은 의무적으로 선고해야 한다. 초범을 제외하고는 가석방, 보호관찰, 형 집행 정지도 받을 수 없다. 이와 같은 처벌을 가혹하다고 생각하는 사람들이 많이 있다.

이런 견해를 지지하는 사람들이 모여서 레마(LeMar, Legalize Marijuana) 협회를 만들었다. 이들은 마리화나가 담배나 알코올보다 더 안전하다고 믿기 때문에, 성인이 마리화나를 피는 것을 합법화해야 한다고 생각한다(미성년자들에게 담배와 알코올을 판매하는 행위는 금지해야 한다고 주장한다).

많은 전문가는 마리화나를 합법화하는 데 반대하면서도, 마리화나를 그보다 더 해로운 마약류와 법률적으로 분리해서 다루어야 한다는 데 동의한다. 전 식품마약국 국장이었던 제임스 고더드 박사는 마리화나를 판매하고 유포한 사람을 처벌하는 법률은 유지하되, 가지고 있는 사람을 처벌하는 법률을 폐지하는 데는 찬성한다.

1968년 8월 16일 자 〈타임〉지는 많은 성직자가 반마리화나 법률을 비난하면서, 그것이 폐지될 것이라고 예고했다고 보도했다.

부모와 마리화나

아이들은 마리화나에 관한 법률에 담긴 쓰디쓴 진실을 알아야 한다. 자동차 안에서 마리화나가 한 대만 발견되어도, 그것과 관련된 사람들을 모두 체포할 수 있다. 마리화나가 들어 있는 궐련 한 대만으로도 파티에 참석한 모든 사람에게 징역형을 선고할 수 있다.

한 아버지는 열아홉 살 아들에게 이렇게 말했다.
"파티에 갔는데, 마리화나 냄새가 나거든, 그냥 나와라."
그러자 아들이 물었다.
"왜? 아빠도 알다시피 난 담배도 못 피우잖아."
아버지는 이렇게 대답했다.
"너는 마리화나 파티에서 음료수밖에 홀짝거리지 않았겠지만, 마리화나를 피울 목적으로 어슬렁거렸다는 죄목으로 고발당할 수도 있어."
아들은 아버지에게 항의했다.
"그건 공평하지 못해. 나도 아는데 그 법은 너무 가혹해."
아버지는 말했다.
"그래도 그 법을 개정할 때까지는 내 충고에 따르도록 해."
열여덟 살 된 마크는 타고 있던 스테이션왜건에서 마리화나가 발견되었다는 이유로 다른 세 친구와 함께 체포되었다. 그들 가운데 한 아이만이 마리화나 중독자였다. 나머지 아이들은 드라이브를 하러 따라나섰던 것이다.

경찰서에 찾아온 아버지에게 마크는 이렇게 말했다.
"엄청나게 고민 많이 했어. 친구한테 의리를 지켜야 하는지, 내 이익만 생각해야 하는지 정말 괴로웠어."
아버지는 그것은 어려운 선택이라고 말해 주었다. 둘 중 어느 한쪽으로 결정을 내린다는 것이 얼마나 어려운 일인지 알고 있었기 때문이다. 심문을 하는 동안에도 재판관은 사정을 봐주지 않았다. 그는 마크에게 이렇게 말했다.

"다른 사람을 위해서 누명을 뒤집어쓰지 마라. 감옥에 들어가면 그와 너는 함께 지내지 못할 거야. 감방 문이 닫히면 넌 혼자 남게 될 거야."

마크는 사실대로 이야기하고 풀려났다. 하지만 대가를 치러야 했다. 죄책감에 사로잡히고, 혼란에 빠지고, 자존심을 잃었다.

대학 1학년인 딸 미리암이 마리화나를 피운다는 사실을 알게 된 아버지는 딸에게 당장 집으로 돌아오라고 말했다.

미리암이 겁먹은 목소리로 이유를 묻자, 아버지는 이렇게 대답했다.

"집에서 이야기하자."

딸이 집으로 돌아오자, 아버지는 이렇게 말했다.

"네가 마리화나를 피운다는 소식을 들었어. 얼마나 걱정했는지 모른다. 마리화나는 불법이야. 처벌이 얼마나 엄격한지 몰라. 법에 그렇게 정해져 있어."

미리암은 항의했다.

"아빠는 담배를 피우고 술을 마시잖아. 난 마리화나를 갖고 있는 건데, 그게 무슨 차이가 있어?"

"마리화나는 불법이야. 법률 위반이란 말이야. 가지고 있기만 해도 범죄야. 그것이 차이야."

미리암 아버지는 설교하지 않았다. 걱정을 드러내고, 사실을 설명했다. 그러고 나서 미리암에게 분명하게 선택하라고 말했다.

"마리화나를 포기하고 대학에 다닐 수도 있고, 대학을 포기하고 집에 올 수도 있어. 집 근처에도 학교들이 있으니까. 결정은 네가 내려."

미리암은 어머니 아버지가 허세를 부리는 것이 아니라는 걸 알고 있었다. 부모의 걱정을 깨닫고, 선택할 대안을 판단해 보고 나서, 마리화나를 버리고 대학을 선택하기로 했다.

이렇게 다가가는 방식이 늘 성공한다는 보장은 없다. 마리화나는 대학 교정에 널리 퍼져 있다. 대학생들은 이렇게 말한다.

"마리화나는 우유 한 잔 마시는 것으로 생각하면 돼요."

"마음만 먹으면 손에 넣을 수 있어요."

"판매망이 감쪽같이 조직되어 있어, 쉽게 손에 넣을 수 있어요."

"심심풀이로 하는 거예요."

아무리 널리 유행하고 있다고 해도, 부모는 마리화나를 용서할 수가 없다. 책임 있는 어른으로서 법률을 위반하는 행동을 인정할 수 없기 때문이다.

새로운 연구를 통해 얻은 몇 가지 증거

최근까지는 마리화나가 얼마나 위험한지 명확한 증거가 없었다. 아이들은 마리화나를 피우는 것이 취하지 않을 만큼 칵테일 몇 잔 마시는 것과 별반 다르지 않다고 쉽게 믿었다. 마리화나에는 생리학적으로 중독성은 없다. 다시 말하면 더 많이, 혹은 더 강한 마약류를 찾게 만들지는 않는다.

과거에는 과학자도 피우는 양에 따라 마리화나 효능이 어떻게 다른지 알 수 없었다. 마리화나의 순수한 구성 성분을 만들 수 없었기 때문이다. 최근에 화학자들이 이 구성 성분인 테트라히드로카나비놀(Tetrahydrocannabinol, THC)을 합성해 내었다. 중독 연구 센터의 한 연구에서는, 피실험자에게 각기 다른 THC 양을 함유한 담배를 피우게 했다. 함유량이 적절할 때는, 환각에 빠지면서 시간과 공간 지각력이 왜곡되는 현상이 나타났다. 함유량이 많을 때는 모든 피실험자에게 즉시 정신이상 반응이 나타났다.

아이들에게 마리화나에 대해서 사실을 정확하게 알려 주어야 한다. 지나치게 화가 난 상태에서 과장된 이야기를 퍼뜨려서 아이들이 겁을 먹게 해서는 안 된다. 아이도 눈치가 훤해서, 마리화나 한 대 피운다고 해서 정신이상으로 가는 외길 차표를 끊은 것은 아니라는 것쯤은 경험이나 관찰을 통해서 알고 있다.

한 십 대 아이는 이렇게 말했다.

"마리화나를 피우면 정신이상 현상이 나타나기보다는 동정심이 생길 때가 많아요."

최근 연구에 따르면 마리화나를 상습적으로 피거나 지나치게 많이 피우면 원하는 효과를 얻지 못한다고 한다. 왜 마리화나를 피우느냐는 질문에 한 십 대 아이는 이렇게 대답했다.

"왜 피우면 안 되죠? 피우지 말아야 할 이유가 없잖아요. 마리화나를 피운다고 당신에게 해를 끼치는 건 아니잖아요."

최근의 연구 성과는 그러한 믿음을 정당화해 주는 것이 아니라, 오히려 마리화나에 대해서 걱정하고 조심해야 할 이유를 충분히 제시하고 있다.

남용의 실마리

부모는 자기가 인정하기 오래전부터, 자기 아이가 마약류에 손을 대고 있다는 낌새를 눈치챌 때가 가끔 있다. 많은 단서를 목격하면서도, 별문제 없이 지나갔으면 하는 심정으로 무시하곤 한다.

아이가 마약류를 복용한다는 사실을 부모가 눈치챌 수 있는 증거는 다음과 같다.

- 의사의 처방전이 있어야 구할 수 있는 알약이 약상자에서 없어진다.
- 아이의 소지품 가운데 출처를 알 수 없는 알약과 캡슐이 발견된다.
- 튜브가 터져 있는 본드가 많고, 본드로 얼룩진 비닐 가방, 접착제가 묻은 헝겊이나 손수건이 발견된다.
- 호흡과 옷에서 특이한 냄새가 난다.
- 알코올 냄새는 나지 않는데, 취한 증세를 보인다.
- 탄 마리화나 냄새와 그 냄새를 없애기 위해서 피운 향냄새가 난다.
- 마약이 담긴 감기약 병이 발견된다.
- 때에 어울리지 않게 선글라스를 쓰고 소매가 긴 셔츠를 입는다(팽창된 눈동자와 헤로인을 놓은 주삿바늘 자국을 감추기 위해서). 소매에 핏자국이 있다.
- 아이가 계속해서 돈을 빌리려고 한다. 현금, 카메라, 라디오, 보석이 까닭 없이 사라진다.

- 구부러진 숟가락, 주사기, 점안기, 동그랗게 만 솜 들이 발견된다.
- 자주 맥이 풀리거나 졸린 듯한 행동을 한다.

헤로인

미국에는 어림잡아 10만 명이 넘는 헤로인 중독자가 있다고 한다. 그들 중 대부분은 저소득층 출신의 젊은이들이다. 헤로인 초보자들은 보통 '코로 들이마시면서(냄새를 맡으면서)' 시작하여, '주사하는(살갗 아래에 약을 주사하는)' 단계로, 그다음에는 '정맥주사를 놓는(혈관에 직접 주사를 놓는)' 단계로 발전한다.

헤로인의 양은 매일 증가하여, 심지어는 약을 투여하고 두세 시간만 지나도 경련이 일고, 토하고, 땀을 흘린다. 이러한 금단 현상은 전보다 더 많은 양의 헤로인을 투약해야 가라앉는다. 아편은 격렬한 욕구를 자극한다. 아편 중독자는 자기 몸에서 일어나는 화학 현상의 포로가 된다. 존재 그 자체가 마약의 노예가 된다. 마약 이외에 만족을 느낄 수 있는 다른 요인들, 이를테면 친구, 가족, 음식, 성 등을 무시하거나 포기한다. 아편 중독자들은 갈망하던 도취감을 얻으려고 생명의 위험도 마다하지 않는다.

헤로인 중독자는 늘 'o. d.(taking an overdose)'의 공포 아래 살고 있다. 다시 말하면 과도한 분량을 투약하고 있는 것은 아닌가 하는 두려움 속에 살고 있다. 헤로인을 희석할 때 내키는 대로 아무렇게나 하기 때문에, '주사량'을 스스로 조절할 수가 없다. 헤로인을 지나치게 많이 투약하는 것이 젊은 마약 중독자들의 주요 사망 원인이다. 중독자들은 하나같이 지금의 투약이 마지막 주사가 될 수도 있다는 사실을 알고 있다. 헤로인 중독자들이 두려워하는 다른 하나는 전염이다. 중독자들은 간단한 위생 규칙마저 무시하는 경우가 많다. 살균 처리하지 않은 주사기를 이용하고 또 그것을 함께 쓴다. 그 결과 중독자들의 피부나 혈액이 병균에 감염될 때가 많다.

헤로인 중독은 습관으로 치면 비용이 많이 드는 습관이다. 이 습관을 계속하려면 중독자는 대부분 불법 활동을 저지를 수밖에 없다. 남자아이들은 절도, 여자아이들은 매춘의 길로 접어드는 경우가 자주 있다. 헤로인 중독자 때문에 개인 범죄가 늘어날 수 있다. 헤로인 중독자들이 집단을 이루면 허리케인보다 더 강력할지도 모른다. 그들은 지역 주민의 재산을 약탈하고 강탈한다. 뉴욕시 헤로인 중독자들이 훔치는 금액만 매년 상품 가치로 10억 달러 이상이 된다고 한다.

헤로인 중독자들은 사회적으로 고립되어 살고 있다. 그들은 시간과 정열을 마약을 살 비용을 마련하는 데 쓴다. 불법 행위를 저지르기 때문에 사회에서 격리된다. 가루가 주는 행복에 얽매이면 어쩔 수 없이 주로 마약 밀매자, 뚜쟁이, 매춘부와 손을 잡을 수밖에 없다.

마약 중독은 부모에게는 수수께끼이다. 마약 중독은 성보다 더 강력하고, 흡연보다 더 위험하며, 알코올보다 더 중독성이 강하다. 마약 중독은 전문가에게도 불가사의이다. 심리 검사를 해도 누가 미래에 마약 중독자가 될 것인지 알아낼 수 없다. 어떤 요인(素因)이 한 인간을 마약 중독에 빠지게 하는지, 무엇이 그것을 부추기고, 무엇이 그것을 억제하는지에 대해서 우리는 여전혀 확실한 것을 모르고 있다.

사실 대 허구

사람들이 마약 중독에 대해 오해하는 경우가 종종 있다. 마약 중독자들은 위험천만한 마약 사용자, 음란하고 폭력적인 성적 미치광이로 그려진다. 사실은 그와 다르다. 강도보다는 절도, 강간보다는 속임수를 쓰는 경우가 훨씬 더 많다. 아편은 성적 충동과 성향을 약화한다(심지어 정신이상자도 머릿속으로만 성욕을 느낄 따름이다. 정신이상자의 경우 성적 욕망은 증가할지 모르나, 능력이 증가하는 것은 아니다).

마약 중독자에게도 희망은 있다. '한번 마약 중독자는 영원한 마약 중독자'라는 항간의 속설은 전혀 사실이 아니다. 젊은 마약 중독자 가운데는 생활 조건이 나아지면 자신의 의지로 마약을 끊는 사람들이 꽤 있다.

최근에는 헤로인 중독 치료에 커다란 발전이 있었다. 메타돈이라는 합성 마약이 발견되어, 아편이 주는 황홀한 기분을 억제할 수 있게 되었다. 메타돈의 효능이 작용하는 한, 과거의 중독자들은 헤로인에 다시 중독되지 않을 수 있다. 전처럼 필사적으로 헤로인을 찾지 않기 때문에, 중독자들은 재활할 수 있는 기회를 갖게 되었다.

마약 중독을 퇴치하려는 싸움에서 거둔 또 다른 성과는 사이클라조신(Cyclazocine)이라는, 고통 제거 효능이 강력한 약을 찾아낸 일이다. 이 약은 마약에 대한 길항제로 쓰이는데, 아편이 자극하는 '황홀한 쾌감'을 억제하고, 헤로인에 대한 욕구를 줄여 준다. 과학자들은 이 약의 개발을, 몸이 마약에 중독되는 것을 방지해 줄 '백신'을 찾는 기나긴 여정에서 한 걸음 더 나아간 사건으로 평가한다. 그렇게 면역성 있는 약이 개발되면, 최소한 몸의 중독을 퇴치하려는 싸움에서 승리를 거둘 수 있을 것이다.

사실을 알게 된 순간

자기 아이가 마약 중독자라는 사실을 알게 되면 부모는 커다란 충격에 휩싸이게 마련이다. 충격과 분노를 이기지 못해서 순간적으로 난폭한 거부 반응을 보이고 싶은 충동에 휩싸인다. 또는 연민에 젖어 너그럽게 넘어가고 싶은 마음이 생길 수도 있다. 이런 대응 방법은 사태를 해결하는 데 도움이 되지 않는다.

열다섯 살 아들이 헤로인 중독자라는 사실을 알았을 때, A 씨는 격노했다. 아들을 쇠사슬로 침대에 묶어, 사흘이나 방에 가두었다. '즉각적인 투약 금지' 조치는 아들을 거의 죽음으로 내몰 뻔했다. 그리고 아버지와 아들의 관계도 영원히 파괴되었다.

미망인인 B 부인은 열여섯 살 된 아들이 헤로인 중독자이고, 범죄 위험이 있는 몇 사람에게 빚을 지고 있다는 사실을 알고는, 억장이 무너지기도 하고, 겁이 나기도 해서 즉시 빚을 갚아 주었다. 또 아들이 집에서 훔쳐 가 저당 잡힌 물건을 계속해서 찾아왔다. 그렇게 하다 보니, 어머니가 간접적으로 아들에게 마약을 파는 사람이 되고 말았다. 어머니의 연민과 두려움이 아들의 마약 중독 습관을 유지해 준 셈이 되었다.

그와 반대로 C 씨는 아들이 마약 중독이라는 사실을 알았을 때, 아들에게 증거를 들이댔다. 질문을 던지거나 설명을 요구하지도 않았다. 아들에게 거짓말, 변명, 알리바이를 댈 기회를 주지 않았다. 아버지는 이렇게 말했다.

"경찰의 눈을 피해 돈과 마약을 훔치려고 어슬렁거리고, 거짓말하고, 물건을 훔치는 생활을 하면서, 하루하루 네가 겪어야 했을 고통에 대해서 생각하는 중이야. 이젠 더 이상 그런 생활은 안 돼. 네겐 도움이 필요하고, 또 도움을 받을 수 있을 거야."

의사의 감독 아래, 아들은 마약 사용 중지 요법과 정신 치료를 받게 되었다. 시련의 시간 내내 부모는 아들 곁에서 도움을 주었다. 아들은 '자존심을 되찾고, 사람들에게 다시 다가갈 수 있도록' 부모님이 도와주었다고 말했다.

십 대 마약 중독자에게는 우리가 불쌍하게 여길 만한 부분이 참으로 많다. 하지만 동정은 금물이다. 그에게 필요한 것은 우리의 강한 의지이다. 아이의 나약함이 가여워 그냥 내버려두어서는 안 된다.

아이가 자기 자신에게 한없이 너그러운 연민에 비추어 볼 때, 우리가 보내는 자비는 양동이에 물 한 방울 떨어뜨리는 것에 불과하다. 사태를 정직하게 똑바로 바라보는 것이 가장 중요하다. 진실을 알게 된 순간에는 아이가 저지른 거짓말, 도둑질, 믿음을 저버린 행위에 대해서 꾸짖지 않는 것이 가장 좋다. 현재와 미래에 대해서만 초점을 맞추어야 한다. 알기 쉬운 말로, 자기 집이라고 해서 마약 중독 습관으로 생긴 결과까지 보호해 줄 수 없다는 사실을 알려 주어야 한다. 집이라고 해서 법률 위반 행위를 용납할 수 없고, 법을 위반한 사람을 보호할 수 없다는 점을 분명히 해야 한다. 결론은 명확하다. 집에 있다고 해서 마약 복용을 내버려둘 수는 없다는 것이다.

치료: 새로운 접근 방법

치료를 받으려면 중독자 자신이 스스로 치료소에 들어가야 한다. 이 시련의 시간 동안 부모는 마음을 굳게 먹어야 한다. 아이가 치료소에 머무는 동안에는 아이와 만나는 기회를 제한받거나, 만남을 금지당하더라도 참아야 한다. 치료소한테서 아들에게 편지도 쓰지 말고, 아들이 보낸 편지는 뜯지도 말고 돌려보내고, 전화도 하지 말고, 아들이 전화하더라도 통화를 거절하라는 요청을 받을 수도 있다. 만일 아이가 허락도 없이 치료소를 나가거든 집에 발을 들여놓지 못하게 해야 한다.

"돌아가. 여기선 네게 할 말이 없어."

이렇게 말해 주어야 한다.

자기 아이가 마약 중독자를 위한 열린 치료 공동체인 데이탑 빌리지(Daytop Villiage)에 수용되면, 부모는 교육을 받는다. 데이탑은 새로운 치료법을 개발하고 있다. 그 목적은 마약 중독자의 가치 체계를 바꾸는 데 있다. 그 수단들은 구체적이고 극적이다. 재활이 얼마나 복잡하고 어려운지 설명하기 위해서, 데이탑의 치료 과정에 대해서 길게 이야기할 것이다.

데이탑 프로그램

데이탑 빌리지는 정신과 의사의 감독 아래, 환자를 잘 알면서 능숙한 사기꾼, 노련한 조종자, 전문적인 거짓말쟁이를 다룰 줄 아는 과거의 마약 중독자들이 운영한다. 처음 그곳에 도착하면

'치료 대상자'는 기다리라는 부탁을 받는다. 몇 시간 동안 아무도 말을 걸지 않는다. 문은 열려 있으며, 원하면 언제든 떠날 수 있다. 이것이 치료에 필요한 자발적 의식의 첫 단계이다. 이어서 상담이 이루어진다. 중독자는 단정하고 태도가 부드럽고 말씨가 상냥해 보이는 '구식 사람' 셋과 만난다. 그 순간 중독자는 자기가 마치 물속의 물고기와 같다는 느낌을 받는다. 자기는 그런 사람의 유형을 알고 있으며, 잠을 자면서도 그들을 속일 수 있다고 생각한다. 잠시 운영자들은 중독자가 자신의 슬픈 이야기를 하도록 내버려둔다. 그러고 나서 폭탄을 터뜨린다.

"지금 누구와 이야기하고 있다고 생각하는 거야?"

"지금 어디에 있다고 생각하는 거야?"

"마약 중독자 주제에 지금 자기가 어디 다른 곳에 있다고 생각하는 모양이야."

"요 몇 년 동안 이런 쓰레기 같은 소리는 들어 본 적이 없어."

"내 장담하는데, 넌 엄마 아빠한테서 사랑을 제대로 받지 못한 것 같아."

이처럼 예상하지 못한 타격이 망치로 바위를 깨는 것 같은 세기로 머리 위에 떨어진다. 이것은 환상을 깨뜨리는 효과가 있다. 그 메시지는 분명하다. 여기서는 비뚤어진 재치, 상투적인 변명, 거짓 알리바이로 살 수 없다고 경고하는 것이다. 중독의 책임을 부모와 친구, 사회에 떠넘기는 것을 허용하지 않는다. 이 신참은 수줍음이라고는 모르는 이전의 사기꾼들 앞에 앉아, 가차 없는 심문을 받는다.

"어머니가 네 팔에 더러운 바늘을 꽂으라고 강요했니?"

"누가 주사기를 마련해 주었니? 어머니? 아버지? 무서운 선생님? 아니면 험상궂은 경찰?"

상담이 끝날 때쯤 치료 대상자는 중독의 원인이 자기 자신에게 있다는 사실을 인정하게 된다. 자발적인 수사가 끝나면, 신참은 몇 사람의 고참에게 소개된다. 그들은 그에게 그곳의 규칙과 철학에 대해 알려 준다.

데이탑 빌리지의 핵심 규칙은 마약류와 물리적 폭력, 책임 회피를 금지한다. 초보자에게는 추가로 제한하는 게 있다. 전화 통화를 할 수 없고 편지를 주고받을 수 없으며 금전을 지닐 수 없다. 좀 더 성장하기 위해서 지도와 규율이 필요한 어린아이로 여긴다.

행동과 가치를 변화하기 위해 데이탑 빌리지에서는 집단 감수성 훈련 그룹(encounter group) 방식을 이용한다. 이 작은 집단에서는 현재의 행동과 인격에 초점을 맞춘다. 구성원들끼리는 서로 속마음을 털어놓는다. 가끔은 거친 언어를 쓰기도 한다. 그 의도는 가장 밑바닥에 있는 감정에 가닿기 위해서다. 참여한 사람들은 구체적인 언어로 샅샅이 조사를 받으며 또 비판을 받는다. 질문의 핵심은 이것이다.

"스스로 정직하고 책임감 있는 인간으로 만들겠다고 선언한 목표에 충실하기 위해서 얼마나 노력하고 있는가?"

토론은 거칠며 언어는 폭력적이다. 집단의 구성원들은 잔인할 정도로 솔직하게 서로를 공격한다. '버려야 할 것'들이 아주 많다. 가치 체계 전체를 변화해야 한다. 모든 중독자는 거리의 규칙을 포기하고(배신하지 않고), 신뢰, 품위, 정직이라는 명예의 규칙을 받아들여야 한다.

데이탑 빌리지에서는 그 밖에 마라톤(30시간이나 되는 집단 훈련)과 특수한 심리학적 문제에 관한 '시험(토론)'이 있고, 날마다 철학적인 문제로 토론도 벌인다. 이렇게 하는 의도는 구성원들이 추상적인 사고를 할 수 있고, 문제를 개념적으로 정리할 수 있는 능력이 있다는 점을 스스로 알게 하기 위해서다. 과거에 마약 중독자였던 한 사람은 이렇게 말했다.

"데이탑 빌리지에 오기 전까지는, 내가 마약 말고 다른 것을 생각할 수 있다는 사실을 결코 믿지 않았어요."

또 모든 구성원이 다양한 역할 훈련을 한다. 역할놀이는 참여자들이 가정과 사회에 돌아갔을 때 일어날 수 있는 상황에 직접 대응할 수 있도록 준비하는 것이다. 데이탑 빌리지의 과정을 마친 사람들은 마약 중독자를 위한 다양한 치료 시설에서 핵심 간부가 되고 있다.

불사조 프로그램

마약 중독을 퇴치하기 위한 전쟁에는 상상력이 풍부한 재활과 예방 교육과정이 필요하다. 뉴욕시 마약중독퇴치사업국(Addiction Service Agency)의 불사조 프로그램은 상상력이 풍부한 계획을 구현해 내고 있다.

마약 중독자들은 이웃에 있는 가게 앞 공터에 초대받는다. 거기서 훈련받은 과거의 마약 중독자들과 만난다. 이들의 존재가 중독자들도 치료될 수 있다는 사실을 입증해 준다. 과거의 중독자들은 현재의 중독자들에게 자기 자신을 응시하고, 자기가 처한 조건을 바라보라고 말하며, 다른 선택이 있다는 것을 알려 준다. 마음의 준비가 되면, 마약 중독자들에게 먼저 해독제, 그다음에는 '불사조의 집', 그러니까 함께 살면서 치료하는 공동체를 제시한다.

재활 교육의 초점은 가치 변화, 책임감의 인정, 인격의 성장에 맞춰진다. 집단 모임, 힘든 노동, 토론, 세미나 같은 다양한 과정으로 생활의 질서가 짜여 있다.

거주자들은 8~18개월 동안 그곳에 산다. 그다음 단계는 사회에 적응하는 과정이다. 이 기간에 중독자는 마약중독퇴치사업국의 치료 보조원으로 일한다. 그 과정을 마치면, 그는 마약중독퇴치사업국이나 외부의 직장에서 유급 노동자로 일할 수 있다.

예방

마약 중독은 오로지 예방을 통해서만 그 흐름을 되돌릴 수 있다. 마약중독퇴치사업국의 예방 교육과정은 다양한 사람들을 대상으로 한다. 마약 중독자의 친척들, 관심 있는 시민들, '국가' 기관들, 마약에 민감한 청소년들도 프로그램에 참여할 수 있다.

지역사회 단체인 RARE(중독자의 부모나 친척이 중심인 마약 중독자 재활협회)와 AWARE(재활과 교육에 관심 있는 마약 중독 근로자 단체)도 마약 중독을 부채질하는 사회적 조건을 변화시키는 데 힘을 쏟고 있다. RARE 회원은 마약 중독자의 부모와 친척들이다. 매주 만나는 모임에서 부모들은 자기 자신뿐만 아니라, 마약 중독자인 아들이나 딸에게 도움이 되는 방법을 배운다.

AWARE 회원은 마약 중독에 관심이 있고, 중독을 부르는 태도와 조건을 변화시키고 싶어 하는 시민들이다. 그들은 마약 중독 예방법 훈련을 받고, 지역의 마약 중독자 숫자, 마약류에 손을 대는 십 대들, 마약을 부추기는 사회적인 조건을 조사한다.

마약중독퇴치사업국은 청소년을 위한 '불사조 주간 센터'를 후원하기도 한다. 이곳에서는 청소년에게 자신의 반사회적인 태도를 인정하고 반사회적인 행동을 교정하도록 이끈다. 동시에 다양한 교육 활동과 여가 활동을 안내한다. 이런 활동은 중독자가 긴장을 풀고, 무력감을 이겨 내면서 스스로 변화할 수 있도록 돕기 위해서다. 다른 프로그램은 중독자들을 청소년 지도자로 훈련하여 인근에서 일할 마약 중독 예방 요원으로 만드는 데 초점을 맞춘다. 중독에서 벗어난 인내와 경험으로 본다면, 그들은 다른 청소년을 설득하여 마약류에서 손을 떼고 건설적인 지역사회 활동에 참가하게 할 수 있는 능력을 충분히 갖추고 있다.

불사조 센터는 뉴욕의 다섯 군데 행정 구역에 있어, 도움을 원하는 마약 중독자나 그들의 친척이 찾아갈 수 있는 첫 번째 거점 역할을 하고 있다.

건강에 이르는 길

마약 중독자가 건강을 회복하고 성숙한 인격을 얻기까지 그 과정은 매우 험난하다. 마약류는 중독자에게 다른 사람들이 평생 노력하여 얻은 것들을, 다시 말해 안정감, 권력, 환희를 한순간에 얻은 듯한 환상을 주었다. 그런데 이제는 바로 그 자리에서 손에 넣을 수 있는 만족감을 멀리한 채 삶과 마주해야 한다. 손만 뻗으면 닿을 수 있는 곳에 있는 마법의 바늘과 흥분제가 유혹하는 가운데, 긴장을 이겨 내고, 유혹에 맞서 싸워야 한다. 버질의 문장만큼 마약 중독자의 상황을 훌륭하게 기술하고 있는 문장도 없다.

"지옥으로 추락하기는 쉽다. 그 문은 밤낮을 가리지 않고 열려 있다. 하지만 다시 그 경사를 타고 올라와 바깥세상으로 탈출하는 데는 진정 뼈를 깎는 노력이 필요하다."

십 대의 마약류 남용은 여전히 문제인데, 그 해결책은 그들 자신 안에 있다. 어린이가 어른이 되려면 책임감이 있어야 하고 성숙해야 한다. 그러자면 불안을 참고 견디고, 긴장을 극복하고, 의혹을 피하지 않고, 갈등에 맞서고, 좌절감을 안고 살 수 있는 능력을 계속 키워야 한다. 대부분의 십 대는 이와 같은 역경을 어떻게든 극복해 나간다. 그런데 성숙해져야 한다는 책임에 당당하게 대면하지 못하는 십 대 아이들도 더러 있다. 이들은 실패에 대한 두려움에 빠져, 마약류에 의지한 채 환상 속에서 안정을 얻는 지름길을 발견한다.

마약 중독에 대한 명확한 해결책은 인격 발달이라는 보편적인 문제와 분리해서 생각할 수 없다. 부모들이 아이가 가진 정당한 욕구를 충족시켜 주는 방법을 많이 알면 알수록, 아이가 비합법적인 만족에 의존할 가능성은 적어질 것이다. 자기 자신을 믿고 의지하면 할수록, 마약에 의지하는 경향은 줄어든다. 자기 자신을 의식하면 할수록 화학약품에 의지하여 도피하려는 생각이 사라질 것이다. 아이들에게 요구하고 한계를 정하고 가치를 주장할 때조차도, 그들이 부모를 인간적이고 자기를 도와줄 수 있는 존재로 여기게 하는 태도와 기술을 갖추어야 한다. 그것이 마약류의 남용을 예방하는 최선의 방책이다.

12

학습,
성장,
변화

여기에는 부모와 십 대 아이들 그리고 그들이 서로를 대하는 방법에 관한 일화가 담겨 있다. 공존 관계를 유지하려는 부모와 아이의 노력을 담은 단편적인 이야기이다. 자존심을 지키기 위해 제각기 힘들게 노력하는 사람들, 될 수 있으면 불화를 겪지 않고 살기 위해 서로 애쓰는 사람들 이야기가 이어진다. 부모와 십 대 아이들 모두에게 학습하고, 성장하고, 변화할 수 있는 능력이 있음을 보여 준다.

사랑으로 이루어지는 무언의 교육

바닷가를 거닐면서, 열여덟 살 노라는 어머니에게 물었다.

"엄마, 결혼하고 나서 어떻게 아빠를 그렇게 꽉 잡았어?"

어머니는 잠시 생각에 잠긴 뒤, 허리를 구부려 두 손에 모래를 가득 담았다. 한 손을 꽉 움켜쥐자, 모래가 손가락 사이로 흘러내렸다. 더 힘을 주어 움켜쥘수록 더 많은 모래가 손에서 빠져나갔다. 다른 손은 편 채로 그냥 있었다. 모래도 그대로 있었다. 깜짝 놀란 얼굴로 어머니를 지켜보던 노라는 조용히 말했다.

"알겠어."

노라의 어머니는 강요는 사랑의 반대라는 기본적인 진리를 극적으로 보여 준 것이다. 노라에게는 이와 같은 가르침이 필요했다. 남자 친구와 계속 갈등을 겪고 있어서 비참한 기분이기 때문이다. 어머니의 말 없는 메시지는 노라에게 자기 자신을 바라볼 수 있는 통찰력을 주었다.

"내가 그를 너무 잡아매려고 했어. 내가 싸움을 불렀어. 내가 변해야 해."

그녀는 스스로 변화했다. 다음은 노라의 이야기이다.

"남자 친구가 싫어하는 커플이 우리를 저녁 식사에 초대했을 때 난 가겠다고 했어요. 그러자 남자 친구는 몹시 화를 냈어요. 그 집으로 차를 타고 가는데, 문득 내가 남자 친구에게 그가 좋아하지 않는 사람들과 같이 지내라고 강요할 때가 많았다는 생각이 들었어요. 전 같았으면, 뿌루퉁했거나 말싸움을 했을 거예요. 하지만 이번에는 나 자신을 타일렀어요. 이 사람에게도 좋아하고, 싫어하는 게 있는 거야. 난 그의 몸에 팔을 두르고 말했어요.

'너한테 사과하고 싶어. 네 기분을, 이 커플과 같이 있고 싶어 하지 않는 네 마음을 이해해. 정말 미안해.'

그는 깜짝 놀라서 나를 바라보았어요. 화가 풀리는지 이해해 줘서 고맙다고 하더군요. 이렇게 우리 둘 다 승자가 된 거예요."

미움을 부르는 요란한 교육

열일곱 살 나나는 진열장의 옷을 구경하고 있었다. 나나의 눈길은 값비싼 외투에 고정되어 떨어질 줄 몰랐다. 그때 사나운 목소리가 들렸다.

"넌 옷 가게를 하나 차려도 될 만큼 옷이 많잖아. 돈이 뭐 나무에서 열리는 줄 아니? 아빠가 힘들게 일해도, 생활비가 부족한 형편이야."

분위기가 갑자기 싸늘해졌다. 나나는 고개를 떨구고 차가운 눈길로 어머니를 쳐다보더니, 대들 듯이 말했다.

"백만장자가 되어도, 엄마는 나한테 비싼 옷을 안 사 줄 거야."

어머니는 쓸데없는 소리 그만하고, 점심이나 먹자고 했다. 화가 잔뜩 난 나나는 발을 질질 끌다시피 하면서 어머니를 따라 음식점으로 들어갔다. 어머니와 딸 사이의 분위기는 회복 불능 상태로 악화해 있었다. 밥 먹는 내내 꼭 모래를 씹는 것 같았다.

이 사건은 다르게 끝날 수도 있었다. 생활이 빠듯하더라도, 부모가 따뜻한 마음으로 아이에게 공감을 표현할 수도 있었다. 어머니가 "생활비가 넉넉해서 이런 외투를 살 수만 있다면 얼마나 좋겠니. 네 마음이 온통 그 옷에 가 있는 것 같은데."라고 말할 수도 있었을 것이다. 현실에서는 불가능하겠지만 상상에서는 허락해 줄 수도 있는 일이다.

어머니가 그런 반응을 보였을 때, 그것이 진심에서 우러난 현실적인 반응이면, 아이에게는 위안이 될 수도 있다. 반대로 약점을 이용해서 아이를 조종하려고 하면 오히려 역효과가 난다.

결실 있는 대화

열네 살 난 웬디가 집에 왔는데, 눈에는 눈물이 가득하고 잔뜩 화가 나 있었다.

웬디 나 학교 안 갈 거야. 절대로 안 가.
어머니 너 화났구나. 엄마가 보니까 화가 많이 난 것 같은데.
웬디 응. 하지만 내 맘 돌려놓으려고 하지 마. 일단 한번 마음먹었으면 그걸로 끝이야.(한결 차분해진 얼굴이다.)
어머니 무슨 일인지 말하고 싶지?
웬디 엄만 점쟁이잖아. 그러니까 엄마가 말해 봐.

어머니   네 문제를 알아맞힐 정도로 점쟁이는 아니잖아.

웬디   애들이 너무 못됐어.

어머니   애들이야 그럴 수 있잖아.

웬디   무슨 성에 관한 낱말이 있는데, 무슨 뜻인지 몰랐어. 그랬더니 비키가 그걸 자기 남자 친구한테 말해 버렸어. 걔는 그걸 또 자기 친구들한테 말했고. 모두 다 날 엄청 놀려 댔어. 못살게 굴고. 끔찍했어.

어머니   남을 못살게 굴어야 마음이 후련한 사람이 있긴 있어.

웬디   난 비키를 알아. 걔가 그러는 것도 이해해. 내가 교지 편집장으로 뽑혔을 때, 비키는 날 헐뜯는 말을 하고 다녔어. 그다음에 우리가 특별 합창단에서 독창을 맡으려고 경쟁해서 내가 맡고 자기는 맡지 못했을 때, 비키는 마치 상관하지 않는 것처럼 굴었어. 하지만 무척 실망했다는 걸 난 알아. 아이들이 내게 창피를 주려고 하는 것도 이상할 것은 없어.

어머니   너, 상황을 이리저리 다 꿰뚫고 있었구나.

웬디   그렇다고 해도 비키가 남자아이들 앞에서 날 바보 취급했다는 사실은 변함이 없어. 아이들 때문에 신경이 쓰이는 것도 사실이고.

어머니   그 남자아이들하고는 친하지 않니?

웬디   어린애 같은 애들이야. 하지만 그 애들은 나를 무척 멍청한 아이라고 생각할 거야. 내 생각에는 비키가 나한테 물어본 성적인 표현은 엄마도 모를 거야, 틀림없어.

어머니　아마 그럴 거야.

웬디　지저분한 표현이야. 비키가 뜻을 물었을 때, 난 대답하지 않겠다고 했어. 뜻을 모른다는 사실을 알리고 싶지 않았거든. 알았다고 해도 그 뜻을 말해 주지 않았을 거야. 정말 바보 같은 짓이야. 아직도 화가 풀리지 않아. 정말 속이 메스꺼워.

어머니　따뜻한 우유 한 잔 마시겠니?

웬디　응. 나를 바보나 다름없고, 바보보다 못하다는 생각이 들게 만드는 사람들이 정말 있어. 내 말 무슨 뜻인지 알지, 엄마?

어머니　이해할 것 같아.

웬디　내일 누가 그 문제를 또 꺼내려고 하면, 마음대로 생각하라고 말할 거야.

어머니　너라면 정말 자신 있게 말할 수 있을 거야.

웬디　아니면 아이들이 하는 그 유치한 얘기를 무시해 버릴 거야. 상대해야 득이 될 것도 없을 테니까.

어머니　그것도 한 가지 방법이겠구나.

사건을 함께 돌이켜 보면서, 딸 웬디가 새로운 방법을 터득한 것을 보고 어머니는 기뻤다. 그녀는 이렇게 말했다.

"과거 같았으면, 이런 상황에 제대로 대처하지 못했을 거예요. 웬디한테 친구들에게 좀 더 너그럽게 굴라고 말하거나, 웬디의 감정은 무시한 채, 그런 쓸데없는 일로 화를 내는 것은 어리석은 일이라고 했을 거예요. 내가 직접 나서서 비키 어머니에게 전화를 걸어서 그 집 딸이 지저분한 말을 입에 올리고 다니는데, 호되게 꾸짖으라고 했을지도 몰라요. 하지만 이런 해결책들은 모두 실패로 끝나고 말았을 거예요."

이튿날 아침 웬디는 어머니에게 그 '지저분한' 낱말이 무엇이었는지 말해 주었다. 둘은 그 말에 대해 이야기 나누고, 다시는 입에 올리지도 말기로 했다. 등교하기 전에 웬디는 어머니에게 시를 한 편 건넸다.

세상이 잠들어 있을 때,
난 눈을 돌려 창밖을 지켜본다.
한때는 삶의 웅성거림이었을
침묵을 지켜본다.

대지를 가로질러 기지개를 켜며
어둠이 밀려들고 있다.

유리창에 짓눌려 내 얼굴은
거의 보이지 않았다. 하지만 거기 있었다.

그렇게 침묵이 대지를 깨뜨리고 있을 때
나는 모래와 보도 위, 삶에 찍힌
수많은 발자국 수를 세고 있다.

나는 살아 있는

작은 조각에 불과하지만,

신께 맹세한다, 내 삶이 흘러가기 전에

내가 여기 있음을 세상에게 알리겠다고.

부자 자퇴생

열아홉 살 해리스는 영리하고 예술적이고 조금 수줍은 성격인데, 대학교를 자퇴했다. 아이비리그에 속해 있는, 아버지가 선택한 학교였다. 그 사건은 가족에게 청천벽력 같은 소식이었다. 아버지는 아들의 마음을 돌이키려고 스포츠카를 사 주고, 세계 일주 여행 티켓을 사 주겠다고 구슬렸다. 학교로 돌아가기만 하면 뭐든 다 해 주겠다고 약속했다. 교육의 중요성을 강조했고, 돈 문제를 언급했으며, 경제적으로 제재할 수도 있다는 걸 암시했다. 해리스는 위협에도 굴하지 않았고, 아버지의 회유도 거절했다. 다음 편지에서 해리스는 이런 결정을 내리게 된 이유를 설명했다.

"아빠는 출세주의자예요. 출세를 상징하는 것은 뭐든 손에 넣으려고 해요. 권력의 상징을 이용해서 정말 출세했다는 사실을 스스로에게 입증하려고 해요. 운전사가 딸린 리무진을 타고, 비행기는 비지니스석을 이용해요. 값비싼 양복을 입고, 미국에서 가장 비싼 정신분석 전문가에게 상담받아요. 목욕탕의 수도꼭지는 금으로 되어 있고, 사무실에는 피카소 그림이 걸려 있어요. 마호가니 책상이, 바닥 전체를 덮고 있는 융단의 색깔을 돋보이게 해요. 핀란드 사우나와 프랑스 바가 있어요. 하지만 아빠한테는 친구가 한 사람도 없어요. 직원들은 아빠를 미워하는데,

아빠는 그들 앞에서 으스대요. 아빠는 오로지 성공한 사람만 상대해요. 단지 접촉하는 대상일 뿐이지만 말이에요. 옛 친구는 떨어져 나갔고, 새로운 친구를 사귀긴 하지만 사회적 지위에 따라 상대해요. 세상에 알려질 정도로 성공했지만, 아빠는 불안에 떨고, 실패를 두려워해요. 성공의 상징도 아빠 자존심을 지켜 주지는 못해요.

지금 아빠는 자기가 타고 올라간 중산층의 출세 승강기에 나도 타기를 바라고 있어요. 안정과 사회적인 출세를 위해 계획을 세우라는 거예요. 대학, 대학원을 거쳐 가족 법률 사무소에 취직하고, 두툼한 양탄자가 깔린 이사실 주인이 되어, 정략결혼을 하고, 완벽한 노후 연금을 받는 사람이 되라는 식이지요. 난 아빠와 같은 야망을 갖고 싶은 생각이 전혀 없어요. 그게 아무리 근사한 야망이라고 해도 싫어요. 아빠는 다른 목표와 다른 꿈, 다른 정열은 없다는 듯이 살거든요.

아빠는 나더러 앞으로 어떻게 살 거냐고 끊임없이 물어요. 내가 '되는 대로 살며 그림을 그리고, 그림을 그리며 되는 대로 산다는 계획 말고는 별다른 계획이 없다'고 말하면 거의 까무러치려고 해요.

얼마나 더 이렇게 떠돌이처럼 살 거냐고 아빠가 물었어요. 내 삶이 충분히 화폭 위에 넘칠 때까지라고 대답했더니, 아빠는 마치 미친 사람 보듯 나를 바라보다가 당황하고 실망한 표정을 지으며 떠났어요. 그리고 나는 학교를 자퇴했어요."

내 아들은 경제학자

어떤 아버지는 이렇게 불평했다.

"아들에게 최고의 학교, 최고의 친구, 온갖 좋은 것을 주려고 뼈가 바스러지도록 일했는데, 녀석이 느닷없이 마치 내 돈이 더러운 돈이나 되는 듯이 굴더군요. 교육학을 전공하는 아들은, 교사가 되길 싫어해요. 어떻게 생계를 꾸려 나갈 계획이냐고 물었더니, 경멸하는 얼굴로 인생에는 돈을 버는 것보다 더 중요한 일이 있다고 대답하더군요. 무슨 뜻으로 하는 말이냐고 물었더니, 경제학 강의를 하더라고요.

'경제적 미덕에 대한 아빠의 도덕적 기준은 모두 잘못된 거야. 한 푼 아낀다고 한 푼 버는 건가? 낭비하지 않으면, 부족하지도 않다고? 이런 말은 더 이상 진실이 아니야. 시인 존 시어르디가 한 말이 있잖아. 한 푼 아끼다 백 냥 손해 본다고. 검소한 남편과 알뜰한 아내는 우리 경제에 위험한 존재야. 그런 사람들 때문에 불황이 올 수도 있어. 아빠 생각은 시대에 뒤진 거야. 아빠는 생계비를 버는 데 관심이 있지만, 난 인생에 관심이 있어. 그게 아빠와 내 차이야.'

아들 녀석의 뻔뻔한 논리에 당황했지만, 말싸움을 벌이는 대신 아들의 기타를 들고 항의의 노래를 불렀어요.

'아들은 내가 구식이라 우습다네. 그러면서도 내 자동차를 빌려 타고, 내 돈을 갖다 쓴다네.'

우리는 끝내 즐겁게 웃었어요. 사실 난 아들을 믿어요. 녀석은 성장할 것이고, 변화하면서 결국 인생에서 자기 길을 찾아 나갈 거예요."

내 아들은 혁명가

'과격한' 아들을 둔 어느 아버지가 신세 한탄을 늘어놓았다.

"내 아들은 세상이 위선으로 가득 차 있고, 겉 다르고 속 다르고, 거짓이 흘러넘친다는 것을 깨달았대요. 그러더니 자기가 그걸 바로잡겠다고 하더군요. 도둑에게는 명예를, 식인종에게는 영양학을, 펜타곤(미국 국방성)에는 평화를 가르치겠대요. 아들 녀석은 삶이 완벽하지 못하다는 사실을 받아들이지 못하겠대요. 이런 말을 하더군요.

'난 지금 세상이 어떤가를 보았어. 하지만 세상이 앞으로 어떻게 될 것인지 마음속에 그리고 있어.'

녀석은 필요하다면 혼자 힘으로라도 세상을 사랑과 평화, 아름다움으로 바꾸려고 들 거예요.

딱 한 가지 바라는 것이 있는데, 아들이 세운 인도주의적인 계획에 자기 가족도 포함하면 좋겠어요. 혁명을 하려거든 더 이상 참고 견디기 힘든 집안 문제부터 해결해 주면 좋겠어요. 세상 쓰레기를 청소하는 시간에, 자기 방 청소도 했으면 좋겠고, 인간성을 드높이는 시간에 집안의 허드렛일을 도와주면 고맙겠어요.

하지만 그런 생각은 마음속에 담아 두기로 했어요. 아들이 가슴속에 어떤 대답을 담아 두고 있는지 알고 있으니까요. 녀석의 대답을 풀어 보면 이런 내용일 거예요.

'자기 옷을 걸고, 구두를 닦고, 쓰레기를 치우기 위해서 혁명적인 세상이 오길 바라는 사람은 소시민들밖에 없어.'"

내 딸은 인간

열세 살 로나는 부엌에서 바이올린 연습하는 것을 좋아한다. 하지만 저녁을 준비하는 오후 5~7시 사이에는 연습이 금지되어 있다. 어느 날 저녁 로나는 바이올린을 연습하려고 부엌으로 들어왔다. 어머니는 "오후 6시에는 부엌에서 바이올린을 연습하면 안 되잖아"라고 말했다. 로나는 불같이 화를 내며 바이올린을 치웠다. 바로 그 뒤에 여동생이 피아노를 연습하려고 거실로 들어왔다. 로나는 부엌으로 뛰어 들어와 소리쳤다.

"대답해 봐, 엄마! 왜 쟤는 지금 연습해도 되고, 나는 안 되는 거야?"

어머니는 대답했다.

"그건 네가 알고 있잖아."

이튿날 아침, 로나가 어젯밤 일 때문에 아직도 화가 안 풀렸다고 하자, 어머니는 불평이 있으면 편지로 써서 달라고 부탁했다.

엄마에게

엄마가 날 대하는 것을 보면, 나는 사람도 아닌 것 같아. 엄마는 늘 "너한테 꼬치꼬치 설명할 필요가 어디 있어. 넌 아이고 엄마는 어른이야!" 그렇게 말하잖아. 그건 불공평해. 나도 엄마 아빠 그리고 다른 사람들에게 존중받을 권리가 있는 인간이야. 엄마는 날 무슨 쓰레기 조각으로 여기는 것 같아. 나도 한 인간인데 그렇게 대해 주지를 않아. 지금 엄마한테 나를 인간으로 대해 달라고 부탁하는 것이 아니고, 요구하고 있는 거야.

어젯밤에도 난 내가 매우 억울한 대우를 받고 있다는 사실을 확인했어. 내가 이해할 수 있는 대답을 해 주지는 않고, 항상 그랬던 것처럼 "네 스스로 생각해 봐"라고만 했어. 엄마는 엄마가 말문이 막힐 때마다 그 말을 써먹는다는 것을 내가 눈치채지 못한다고 생각하나 봐.

엄마한테 불공평하게 대하고, 엄마가 나한테 한 대로 하고 싶은 마음이 들 정도야. 그러니 앞으로는 안 그랬으면 좋겠어. 더 이상 이런 식으로 살고 싶지 않아. 날 엄마 방으로 불러서 항상 듣는 말 또 하지 마. 이젠 듣기 싫어. 왜 그랬는지 내가 알아듣게 설명해 줘. 어정쩡한 대답 하지 말고.

다음은 어머니의 답장이다.

로나 보아라.

속상한 네 마음을 내게 알려 줘서 고마워. 정직하고 솔직하게 이야기해 줘서 마음에 들어. 네가 여러 번 묻는데도 엄마가 대답하지 않는 까닭을 물었더구나. 설명할게. 네가 대답을 알고 있으면서도 질문을 한다고 느낄 때가 많았기 때문이야. 하지만 이 문제 때문에 그렇게 속이 상했다면, 앞으로는 어떤 것을 물어도 대답할게. 그렇게 하도록 노력할 거야. 엄마도 네 생각과 같아. 네가 인간으로서 충분히 존중받을 자격이 있다는 생각 말이야.

― 널 사랑하고 존중하는 엄마가

※ 추신. 저녁을 준비하는 오후 5~7시 사이를 제외하고는 언제든지 부엌에서 바이올린 연습해도 좋아.

배역 바꾸기

제1부

어떤 어머니는 두 아들을 대하는 자기 태도가 바람직하지 못하다는 사실을 깨닫게 되었다. 사실을 인정하자니 고통스러웠지만, 변신을 위해 힘들지만 노력하기로 했다. 다음은 그녀의 이야기이다.

"두 아들과 내 관계를 다시 짚어 보았어요. 지금까지는 내가 두 아이에게 배역을 지정하는 역할을 하고 있었다는 사실을 깨달았어요. 열세 살 된 워렌에게는 힘센 말썽꾸러기 역을, 아홉 살 빌리에게는 힘없는 꼬마 역을 맡겼더군요. 두 아들이 싸울 때, 공정하게 대응하려고 노력하긴 하는데, 내 목소리에는 빌리를 걱정하는 한편, 워렌을 꾸짖는 마음이 담겨 있었던 거예요. 마음속에 '이 힘센 말썽꾸러기가 어린 동생을 심하게 괴롭히지 말아야 할 텐데' 하는 생각이 들어 있었다는 말이에요.

이성적으로는 워렌이 싸움을 거는 이유를 이해해요. 첫째이기 때문에, 갓난아이 때 응석을 충분히 부리지 못했으니까요. 그런데 나는 마음속에서 워렌에게 말썽꾸러기라는 낙인을 찍었고, 아이는 아이대로 내가 지정해 준 배역을 충실하게 소화해 내고 있었던 거예요. 이제는 워렌의 배역을 바꿔 주고, 다른 눈으로 바라보려고 해요. 워렌을 대할 때도, 워렌이 내가 정말 원하는 그런 아이가 이미 다 되었다는 마음을 가지고 대하려고 해요.

우선 두 아들에게 거리를 둘 필요가 있다고 생각해요. 친구 아이들을 돌볼 때는, 아이들이 서로 싸워도 화가 치밀지는 않거든요. 싸움을 내 일로 받아들이지 않으니까요.

두 번째는 상상에서 두 아들의 엄마가 아니라고 생각하는 거예요. 사내 녀석들은 사내 녀석일 수밖에 없다는 것을 익히 알고 있는 나이 지긋한 지혜로운 보모라고 생각하는 거지요.

나 자신을 깨달았을 때는 고통스러웠어요. 그래서 두 아들 녀석이 언제 싸우나 하고 기다렸어요. 하지만 오래 걸리지 않더군요. 두 녀석이 싸움을 시작했을 때, 난 아주 새로운 반응을 보였어요.

막내아들 빌리에게는 다음과 같은 뜻을 전하려고 노력했어요.

'너한텐 형이 공격할 때 방어할 수 있는 능력이 있어. 형한테 맞서서 네 힘을 시험해 봐. 무작정 맞지는 않을 거야. 맞을 때도 있지만 네가 때릴 때도 있어. 더 크면 형이 괴롭힌다고 해서 그냥 당하는 일도 적어질 거야. 워렌에게 맞서기가 힘에 부칠 때도 많지만, 항상 곧바로 일어났잖아. 넌 단단한 아이라서 금방 다시 힘을 회복할 거야.'

큰아들에게는 이런 뜻을 보내려고 노력했어요.

'엄마는 네가 형이라는 점을 존중해. 네가 힘을 현명하게 쓸 줄 아는 강하고 능력 있는 사람이라고 생각해. 반려동물을 기르거나 친구를 도와줄 때, 네가 얼마나 너그러운지 엄마는 보았어. 빌리를 다정하게 대하는 게 어려울 거야. 곧잘 네 화를 돋우니까. 그래서 가끔 동생이 없었으면 좋겠다고 생각하기도 하잖아. 네 기분 엄마는 이해해. 하지만 동생을 공정하게 대해 주었으면 좋겠어."

제2부

"2주일 전에, 나는 두 아들의 배역을 바꾸어 다른 배역을 맡겼다고 했어요. 그런데 결과가 얼마나 좋은지, 믿을 수 없을 정도예요. 과거에는 내 태도 때문에 자기들끼리 서로 좋아하며 즐겁게 지내지를 못했어요. 그런데 요즘에는 둘이 권투도 하고, 레슬링도 하고, 신나게 웃으면서 함께 놀아요.

한번은 워렌이 너무 세게 때려서 빌리가 울음을 터뜨렸어요. 내가 간섭하지 않고 있었더니, 워렌이 미안하다고 하더군요. 그 다음에는 우스꽝스러운 표정을 지어서 빌리를 웃겼어요. 다시 함께 놀면서 워렌은 빌리에게 이번에는 자기를 한 대 때리라고 하더군요. 그러더니 빌리를 칭찬해 주었어요. '와, 꽤 센데!' 하고 말이에요. 두 녀석이 가끔 서로 욕을 하기도 해요. 난 그냥 당근을 썰면서 노래를 흥얼거리기만 해요. 그러면 싸움은 금방 흐지부지되고 말아요.

나도 이 모든 변화를 믿을 수 없을 정도예요. 마음도 무척 편안하고, 큰 힘을 느껴요. 빌리가 팔을 내밀어 형 때문에 생긴 멍을 일곱 군데나 보여 주었을 때도, 나는 그냥 세기만 하고, 감탄하듯이 '넌 아무리 험하게 놀아도 끄떡없구나'라고 말해 주었어요. 멍도 빌리에게는 명예의 상징이 되었어요.

한번은 워렌이 빌리를 너무 세게 밀었어요. 그러자 빌리가 병 하나를 집어 들더니 형에게 던지려고 하더군요. 내가 말렸어요. '빌리, 그러면 안 돼. 그러다간 형이 다쳐. 네 힘센 팔로 실컷 때려 줄 수도 있잖아. 워렌, 빌리가 무척 흥분해 있어. 네 목숨이 위험할 수도 있어. 네가 이 방에서 나가는 게 좋을 것 같아. 빌리, 넌 마음이 가라앉을 때까지 엄마하고 같이 가자.' 워렌은 서둘러 밖으로 나갔고, 빌리는 한 뼘은 더 커 보였어요.

어느 날 빌리가 하는 말이, 친구 로저가 자기 코에다 한 방 먹이겠다는 협박을 하더라는 거예요. 난 물었어요. '로저가 너를 한 방 먹인다고? 걔가 감히 너를 말이야?' 빌리의 얼굴을 보니 당황해하는 것 같았어요. '응. 왜 못 해?' 나는 '로저가 널 몰라서 그러는 거야' 하고 대답해 주었어요. 빌리가 '뭘 몰라?' 하고 묻더군요. 내가 '자기가 대들면 네가 한 방에 멀리 날려 버릴 텐데 그걸 모른단 말이야?' 하고 대답했더니, 빌리는 낄낄대고 웃으며 '그래. 바보가 아닌 다음에야 나한테 대들겠어?'라고 했어요.

사는 게 즐거워요. 우리 모두 마음이 너그러워진 것 같아요. 두 아들은 서로 잘 놀아요. 잠깐 싸우고 나서는 오랫동안 사이좋게 지내요. 두 녀석 모두 기특해요. 세상 사람들에게 이 기적에 대해서 말하고 싶었어요. 여기 형제간의 갈등을 해결할 방법이 있다고 소리치고 싶기도 했고요. 하지만 겁이 나기도 했어요. 만일 그렇게 말했다간, 이 모든 것이 물거품이 되지는 않을까 해서요. 하지만 내 눈앞에는 평화가 계속될 수 있다는, 외견상으로는 영원히 계속될 수도 있다는 어엿한 증거가 있었어요.

그런데 어제 아침에는 걱정하던 일이 기어코 벌어지고 말았어요. 제일 좋아하는 오렌지 주스를 쏟고는, 빌리가 훌쩍거리기 시작했어요. 워렌이 그 흉내를 내자 화가 난 빌리는 소리 내어 울기 시작했고, 워렌이 또 우는 흉내를 냈어요. 나는 스스로를 달랬어요. '침착해. 새로운 방법을 쓰기로 했잖아. 거리를 둬. 워렌은 말썽꾸러기가 아니야. 워렌을 믿어. 그 애는 사태를 해결할 방법을 찾아낼 거야.'

워렌이 더 심하게 빌리 흉내를 냈어요. 그러자 빌리가 숟가락을 던졌어요. 워렌은 화가 나는지 '그래. 던져 봐. 그래 봐야 소용없어.' 하며 동생에게 다가갔어요. 난 손을 내밀어 '워렌, 그러지 마. 좋게 해결할 수 있잖아.' 하며 말렸어요. 하지만 소용이 없었어요. 워렌은 내 옆을 지나가 빌리를 한 대 때리며 '얘는 참는 법 좀 배워야 해' 하더군요. 두 아이를 뜯어말리고 나서 빌리를 달래며 워렌에게 소리를 질렀어요. 그런 다음 두 아이를 모두 학교에 보냈어요.

사건을 가볍게 넘기려고 애를 썼어요. 나를 다독거렸어요. '뭘 기대한 거야? 영원히 사이좋게 지내길 원했어? 지나간 일로 그냥 묻어 둬.' 하지만 다시 옛날의 나로 돌아가 버렸다는 느낌을 지울 수 없었어요. 화나 내면서, 어쩔 줄 몰라 쩔쩔매고 있었으니까요. 사려 깊은 한 친구에게 이야기하고 나서야, 다시 자신을 얻었어요. 물론 워렌은 동생을 자주 괴롭힐 거예요. 그렇다고 불량배가 되지도 않을 것이고요. 아이들은 서로 짓궂게 놀리면서 지내잖아요. 사이좋게 지내야 하는 책임을 전부 워렌한테만 지웠던 것은 현실적이지 못한 생각이었어요. 부모의 의사를 분명하게 전달하며 개입해야 할 때도 있긴 있어요.

'흉내 내지 말라고 했어.'
'남의 마음을 아프게 해서는 절대 안 돼.'
'우리 집에서는 남을 괴롭혀서는 안 돼.'
'다른 사람을 못살게 굴어서 눈물을 흘리게 해서는 안 돼.'
'사람의 마음을 아프게 하지 마.'
'사람을 존중해야 해.'

아침 일 때문에 모든 것이 허사가 되었다고 걱정했는데, 지나친 걱정이었어요. 워렌과 빌리가 전처럼 사이좋게 집으로 돌아왔으니까요. 워렌이 동생에게 말하는 소리가 들렸어요.

'빌리, 너 정말 세더라. 난 너만 할 때 그 정도로 세지는 않았어. 싸우는 방법을 가르쳐 주는 형이 없었으니까. 네겐 내가 있잖아. 넌 운이 좋은 거야. 애들을 꼼짝 못 하게 하는 방법을 알려 줄게.'

워렌이 하는 말에 귀를 기울이며 난 미소를 지었어요. 하지만 숨을 죽이지는 않았어요. 이런 상태가 오래가지 않는다는 사실을 알고 있으니까요. 하지만 다음에 두 아들이 싸울 때 대처하는 방법도 알고 있어요. 아이들과 내 관계는 절대 옛날로 돌아가지 않을 거예요."

숙제에 관한 이야기

로널드   (열두 살) 엄마, 가정통신문 가져왔어. 서명해 줘. 우리 선생님이 보낸 거야.

어머니   두 개네.

로널드   응. 엄마한테 보여 줘야 했는데, 잊어먹었어.

어머니   (첫 번째 통신문을 읽는다.) 로널드가 이번 학기 내내 사회 숙제를 해 오지 않아서 알려 드립니다. (두 번째 통신문을 읽는다.) 로널드가 국어 숙제를 해 오지 않고 있습니다. 꼭 사회 숙제와 국어 숙제를 시켜 주십시오. 회신 바랍니다. (길게 한숨을 쉬고 난 뒤) 이거 정말 큰일이구나!

로널드   나도 알아. 하지만 어쩔 수 없어. 그래 봐야 소용없어. 엄마도 알잖아, 내가 숙제하는 습관이 안 돼 있다는 거. 1학년 때부터 한 번도 숙제한 적이 없을 정도니까. 지금 와서 그게 바뀌겠어?

어머니   음, 흠. (가정통신문을 꺼내 들고 다시 한번 바라본다.) 이거 정말 보통 문제가 아니야.

로널드   책상에다 숙제 공책을 잊지 말자고 써 놓으면 괜찮을 것 같아, 엄마.

어머니   써 놓는다고 네 기억에 도움이 될 거라고 생각하니?

로널드   그럴지도 몰라. 하지만 꼭 그렇다고도 할 수 없어. 나도 내가 왜 그러는지 모르겠어. 나 빼고 다른 아이들은 모두 다 숙제를 해 오거든.

어머니   (걱정스러운 표정으로 말없이 자리에 앉는다. 무거운 침묵이 흐른다.)

로널드   어떻게 할 생각이야, 엄마?

어머니   로널드, 문제는 네가 어떻게 하느냐에 달려 있어. 하려고만 들면, 너는 어려운 일도 해낸다는 걸 엄마는 알아. 기타 치는 것처럼 말이야. 네가 그렇게 큰 악기를 연주할 수 있다는 것을 아무도 믿지 않았잖아. 하지만 넌 해낼 수 있다고 마음을 먹었기 때문에, 매일 밤 연습해서 결국 연주하는 법을 배울 수 있었어.

로널드   그건 다른 거잖아. 난 기타를 치고 싶어 했어. 하지만 숙제는 하기가 싫어.

어머니   나도 알아. 그래서 네가 숙제를 하고 싶도록 만드는 게 문제라는 거야.

로널드   맞아. 그런데 또 다른 문제도 있어. 나는 시간 관리를 잘 못해. 한 장을 끝내면, 다들 그다음 장으로 가잖아. 그런데 나는 연필을 씹으면서 허공을 쳐다보게 돼, 이렇게 말이야.

어머니   그래, 시간 관리를 잘하는 법도 배워야겠구나.

로널드   응. (오랫동안 아무 말이 없다.) 엄마, 뭐라고 쓸 거야?

어머니   편지를 어떻게 시작하는지는 엄마가 알아. 이 문제를 어떻게 처리할 것인지 네게 계획이 있으면 내게 말해 줘. 그 계획을 편지로 쓰면서 내가 큰 소리로 읽어 줄게. 네 생각과 일치하거든 그렇다고 나한테 말해 주면 돼. 그럼 시작하자. "선생님께. 로널드가 선생님이 보낸 가정통신문을 보여 주었어요. 정말 문제가 심각하더군요. 알려 주셔서 고맙습니다. 로널드하고 이 문제를 상의했습니다. 로널드 말은…." 이렇게 쓰면 되겠니?

로널드   지금부터는 사회 공책을 꼭 집에 갖고 오겠다고 선생님께 말씀드려.

어머니 "로널드가 사회 연습장을 꼭 집에 갖고 올 계획이라고 하는군요." 그 외에 또 없니?

로널드 월요일까지 숙제를 준비할 계획이라고 말씀드려.

어머니 "로널드가 국어 숙제는 월요일까지 해서 학교에 가져갈 계획이라고 하는군요."

로널드 좋아. 그리고 앞으로는 시간 관리를 잘하겠다고 얘기해 줘.

어머니 "로널드가 앞으로는 시간 관리를 잘하겠다고 하는군요." 됐니?

로널드 (안도의 한숨을 내쉬며) 엄마, 나 놀랐어. 엄마가 소리를 지르고, 난리법석을 피울 줄 알았거든.

어머니 이건 정말 큰 문제야. 그렇지만 네가 마음을 먹기만 하면, 문제가 해결될 것으로 믿기 때문에 큰소리치지 않은 거야. 하지만 앞으로는 실수하지 마. 이보다 더 중요한 문제는 없으니까.

자동차와 대출

이번 사건은 열여덟 살 아들을 둔 어떤 어머니가 이야기해 준 것이다.

"내 아들이 집에 와서는, 자기 힘으로 자동차를 한 대 사겠다는 거창한 계획을 발표하더군요. 벌써 자동차 판매원과 함께 차종과 모양까지 알아본 상태였어요. 남은 일은 은행에서 대출을 받는 데 아버지 서명을 받는 것이었어요.

얘기를 듣자마자 넌 차를 굴릴 수 있는 형편이 아니라고 말해 주었는데, 그게 실수였어요. 아버지가 절대 대출 서류에 서명해 줄 리 없다는 말도 했어요. 리처드는 화를 내며, 자기에게 필요한 것이 무엇인지 이해하려고 하지 않는다고 날 비난했어요.

남편이 집에 돌아오자, 리처드는 자동차 이야기를 꺼냈어요. 남편은 리처드와 함께 자동차 판매원에게 가서 차 사는 문제를 의논해 보겠다고 약속했어요. 리처드가 고른 차종과 리처드의 차 보는 눈도 칭찬해 주었고요. 둘은 함께 앉아 비용을 계산해 보더니, 리처드가 여름에 아르바이트해서 번 돈을 보태도 자동찻값이 모자란 거예요. 남편은 일정한 금액을 예금하면 대출을 받을 수 있다고 리처드에게 조언했어요. 문제가 기분 좋게 해결되어, 리처드는 만족스러워했어요."

일자리 제안, 누가 결정을 내릴 것인가

다음은 아들에게 결정권을 주는 문제를 놓고, 혼자서 끙끙 앓았던 어떤 어머니 이야기이다.

"내 아들은 열일곱 살인데, 어떤 여름 캠프에서 미술 책임자로 일해 달라는 제안을 받았어요. 우쭐한 기분이 들 만한 그런 제안이었어요. 그런데 아들은 별로 좋아하지 않았어요. 실제로는 마음이 흔들리는 것 같았어요. 칭찬해 주면 불편해했고요.

즉시 제안을 받아들여야 한다고 말하고 싶었지만 참았어요. 아들에게 아주 의미 있는 여름이 될 것이라는 사실을 알았기 때문에, 캠프에 가야 하는 이유를 있는 대로 다 말해 주며 강요하고 싶었어요. 하지만 아들이 꼭두각시가 아니라는 생각에는 변함이 없었기 때문에, 스스로 결정을 내리도록 내버려두었어요. 대신 이렇게 말했어요.

'결정하는 게 쉽지 않을 거야. 여러 가지로 많이 생각해 봐.'

노먼은 '내가 이번 여름에 정말 뭘 하고 싶어 하는지 나도 잘 모르겠어. 결정하려면 시간이 필요해요.'라고 대답했어요.

2주일 뒤에, 노먼은 제안을 받아들여서 계약서에 서명했어요. 내게는 긴 2주였어요. 하지만 난 약속을 지켰어요. 나 자신에게 줄곧 이렇게 말했어요.

'자기 드라마는 자기 손으로 연출하게 해야 해. 무대에 올라 있는 것은 노먼의 시간과 인생이지, 내가 아니야. 내 역할은 객석에 앉아서 좋은 마음으로 기도하며 자랑스러운 마음으로 지켜보는 거야.'"

운동과 부모의 걱정

다음 이야기는 열여섯 살 딸을 둔 어머니가 밝힌 것이다.

"내 딸은 이틀 동안 하는 학교 스키 여행에 가고 싶어 했어요. 난 항상 스키가 무서웠고, 위험한 운동은 늘 걱정하는 편이에요. 이전 같으면 '스키는 너무 위험해. 다리가 부러질지도 몰라. 갈 수 없어.'라고 말했겠지만, 이번에는 '엄마도 학교 다닐 때 그런 기회가 있으면 하고 싶었어. 네 용기가 부럽구나. 재미있게 놀다 오기 바란다.'라고 말해 주었어요.

성한 다리로, 볼만 빨개져서 돌아온 딸은 말했어요.

'엄마, 처음에는 정말 무서웠어. 스키 타는 게 어려워서 균형 잡는 데 애를 먹었어. 다음에는 분명히 더 잘 탈 수 있을 거야.'

내가 참았기 때문에 딸은 스키가 무서웠다는 말도 하고, 스키를 타면서 겪은 일도 얘기할 수 있었던 거예요. 차분한 내 태도가 딸에게 용기를 북돋워 줄 수 있었고요."

망칠 뻔한 주말

다음은 망칠 뻔했던 가족의 휴일을 재치 있게 지켜 낸 어떤 어머니 이야기이다.

"우리 가족은 골동품이 가득 들어찬 오래된 숙소에서 주말을 보냈어요. 열네 살 난 라나는 숙소의 겉모습을 보더니 크게 실망했어요. 그보다 훨씬 더 화려한 숙소를 상상했기 때문이었어요. 방에 텔레비전도 없고 라디오도 없는 것을 보더니, 이런 낡은 집은 싫다고 하면서 저녁도 먹으려고 하지 않았어요. 나는 '너, 실망했겠구나. 이보다 더 멋있는 호텔에서 지내고 싶었을 텐데.'라고 말했어요. 딸은 그렇다고 쌀쌀맞게 대답했어요. 라나는 '뿌루퉁한 상태'였지만, 난 함께 저녁을 먹자고 달랬어요. 팔로 어깨를 감싸며, '너 혼자 방에서 지내는 것보다는 우리하고 어울리면 좀 기분이 좋아질 거야' 하며 달랬어요.

이전 같았으면 라나를 꾸짖었을 거예요. 배은망덕하다고 나무라거나, 라나의 기대를 조롱하거나, 숙소에 있는 것들을 가리키며 얼마나 아름다우냐고 강조하거나, 라나의 기호를 비난했을 거예요. 하지만 이번에는 라나의 기분에 공감을 표현하고, 실망한 마음을 이해하면서 내 바람을 말해 주었어요.

라나는 우리하고 어울려 저녁도 먹고, 재미있는 시간을 보냈어요. 돌아와서는 친구들에게 자기가 머물렀던 '괴상하게 생긴'

숙소 이야기를 신나게 이야기했어요."

미니스커트 사건

다음은 흔히 있는 사건으로 열다섯 살 딸을 둔 어머니가 이야기한 것이다.

"내 딸은 파티에 초대를 받았어요. 그런데 입고 갈 미니스커트가 아직도 세탁기에 들어 있었어요. 다른 치마들은 너무 길었고요. 파티에 긴치마를 입고 간다는 것은 보통 망신스러운 일이 아니죠. 보나 마나 촌스럽다는 말을 들을 게 뻔해요.

'입을 만한 옷이 없네. 꼴이 엉망일 텐데 어떡하면 좋아.' 하면서 딸은 울기 시작했어요. 내가 치마 가운데 하나 길이를 줄여 주겠다고 했는데도, 계속 울기만 했어요. 나는 말했어요.

'네가 선택해. 토라진 얼굴로 집에 있든지, 내가 말한 대로 옷을 줄여 입고 가서 재미있게 지내고 오든지. 네가 결정해.'

다른 걸 선택할 여지가 없자, 다른 치마라도 줄여 달라고 하더군요. 딸은 내가 줄여 준 치마를 입고, 머리를 빗고, 립스틱을 가볍게 바르고 친구들을 만나러 갔어요.

현실적으로 문제를 해결할 방법을 생각해 낸 게 기뻤어요. 딸도 계속 우는 것 대신 다른 때와 달리 호응해 줘서 좋았어요."

설교의 유혹

어떤 어머니는 반성하는 기분으로 자신의 변화 과정을 다음과 같이 말해 주었다.

"부모가 되어 보니까, 내가 꼭 우리 어머니처럼 행동하고 있다는 생각이 들었어요. 어머니는 '걸핏하면 가르치려고 드는' 분이었어요. 바깥일을 하지 않았기 때문에 아이를 키우고 가르치는 일이 어머니한테는 가장 중요한 일이었어요. 사회적 지위에 대한 욕구가 설교하는 동기가 되었던 거 같아요. 내 욕구는 어머니와 달라요. 나는 보람을 느끼는 직업도 있고, 사랑하는 남편도 있어요. 그런데 여전히 내 어린 시절의 패턴을 따르고 있었던 거예요. 필요해서라기보다는 습관적으로 가르치고 설교하려고 했던 거예요.

그 사실을 깨닫게 되자, 나는 책임을 통감했어요. 설명을 늘어놓고, 설교하는 버릇을 없애려고 노력했어요. 기회가 있을 때마다, 짧게라도 연설을 늘어놓고 싶은 유혹을 느꼈지만, 나 자신에게 '중요한 사람이라는 기분을 느끼기 위해 그럴 필요는 없어. 아이들도 그걸 원하지 않아. 그러니 그만둬.'라고 이야기했어요. 그러자 시간도 많이 아끼게 되었고, 스스로 편안해졌어요."

아이들은 경험한 만큼 배운다

아이들은 경험한 만큼 배운다는 사실을 깨달은 한 어머니가 있다. 다음은 그녀의 이야기이다.

"열네 살 수잔과 열여섯 살 샘은 밤늦게까지 자지 않고 텔레비전에서 어떤 인터뷰를 보고 있었어요. 남편과 나는 그날 밤 외출했고요. 이튿날 아침, 수잔과 샘은 전날 밤에 본 프로그램 이야기를 나누었어요. 사회자가 초대 손님들을 공격한 것 때문에 둘 다 언짢아했어요. 수잔은 이렇게 이야기했어요.

'그 사회자는 문제를 따져 볼 생각은 전혀 없이, 초대 손님을

공격하고, 모욕하고, 욕설을 퍼붓기까지 했어. 전혀 도움도 안 되고, 사회자로 적합하지도 않아.'

　샘은 이런 말을 했어요.

　'어른들이 다른 사람 인격을 비난하는 것은 보기 흉하지만, 난 논쟁에는 찬성이야. 견해 차이는 인생에 맛을 더해 주는 거야. 하지만 다른 사람에게 마음에 상처를 주려는 식으로 논쟁해서는 안 된다고 생각해.'

　나는 혼자 생각했어요. '아이들 스스로 터득한 거야. 내가 한 말이 지금 내게 되돌아오는 소리가 들려.'

　나는 미소를 지으며, 한 속담을 생각해 보았어요.

　'덕을 쌓아라. 그러면 복이 되어 돌아올 것이다.'"

에필로그

삶이란 일상이다. 부모 노릇을 하려면 끝없이 일어나는 사사로운 사건, 주기적으로 벌어지는 갈등, 느닷없이 닥치는 위기에 대응해야 한다. 부모의 반응에는 항상 결과가 따라다닌다. 부모가 하는 반응은 아이의 인격에 많든 적든 영향을 준다.

십 대 아이들은 다양한 사람과 여러 상황을 겪으면서 성격이 형성된다. 성격은 작정하고 가르친다고 해서 형성될 수 있는 게 아니다. 강의를 통해서 충성심을, 기사를 써서 용기를, 편지로 남자다움을 가르칠 수 있는 사람은 없다. 성격 교육을 하려면, 눈앞에서 직접 보여 주고, 서로 접촉하며 소통하는 과정이 필요하다. 십 대 아이들은 사는 만큼 배우고, 경험하는 만큼 인간이 된다. 아이에게 우리 기분은 메시지가 되고, 우리가 사는 방식이 본질이 되며, 과정은 성과가 된다.

우리는 아이가 멘슈(Mensch, 독일어로 '인간'이라는 뜻), 즉 연민과 헌신, 용기와 정신적 능력을 지니고 공정함이라는 규칙을 따르며 살아가기를 바란다. 이와 같은 인간적인 목표를 이루려면 우리는 인도적인 방법에 기대야 한다. 사랑만으로는 충분하지 못하며, 통찰력으로도 부족하다. 좋은 부모가 되려면 기술이 필요하다. 그런 기술을 터득하여 사용하는 방법이 바로 이 책의 핵심 주제이다. 이 책이 부모와 십 대 아이들이 소망하는 이상을 일상에서 실천하는 데 도움이 되길 바란다.

옮긴이 신홍민

한국외국어대학교 독일어과를 졸업하고, 동대학원에서 독문학 박사 학위를 받았다. 한국외국어대학교, 서울시립대학교, 성신여자대학교에서 독일 문학을 강의했다. 대진대학교에서 독일 문학과 동화를 강의했으며 지금은 번역가로 활동하고 있다. 《자폐 어린이가 꼭 알려주고 싶은 열 가지》《부모와 아이 사이》《교사와 학생 사이》《폭력의 기억, 사랑을 잃어버린 사람들》《바람이 들려주는 노래》《2인조 가족》들을 우리말로 옮겼다.

부모와 십 대 사이

1판 1쇄　2003년 9월 9일
1판 26쇄　2022년 12월 28일
2판 1쇄　2025년 8월 11일

글쓴이　하임 G. 기너트
옮긴이　신홍민
펴낸이　조재은
편집　이혜숙
디자인　서옥
관리　조미래

펴낸곳　(주)양철북출판사
등록　2001년 11월 21일 제25100-2002-380호
주소　서울시 영등포구 양산로91 리드원센터 1303호
전화　02-335-6407
팩스　0505-335-6408
전자우편　tindrum@tindrum.co.kr
ISBN　978-89-6372-447-8 (03180)
값　18,000원

잘못된 책은 바꾸어 드립니다.